근대 투어리즘과 온천

국립중앙도서관 출판시도서목록(CIP)

근대 투어리즘과 온천 /
세키도 아키코 지음 ; 허석, 박찬기, 김선화, 유승창, 박현옥 옮김.
-- 서울 : 논형, 2009
    p. ;   cm. -- (일본근대스펙트럼 ; 11)

원표제: 近代ツーリズムと溫泉
원저자명: 關戶明子
참고문헌 수록
일본어 원작을 한국어로 번역
ISBN 978-89-6357-602-2 04910 : ₩15000
ISBN 978-89-90618-90-0(세트)

관광학[觀光學]
온천[溫泉]

326.39-KDC4
338.4791-DDC21   CIP2009003474

근대 투어리즘과 온천

세키도 아키코 지음 허석 외 옮김

논형

近代ツーリズムと温泉, 関戸明子 著, ナカニシヤ出版

KINDAI TOURISM TO ONSHEN
by Akiko SEKIDO

© 2007 Akiko SEKIDO
Originally Japanese edition published by Nakanishiya, 2007
Korean translation rights arranged with Nakanishiya
Translation copyright © 2009 Nonhyung

근대 투어리즘과 온천

지은이 세키도 아키코
옮긴이 허석 · 박찬기 · 김선화 · 유승창 · 박현옥

초판 1쇄 인쇄 2009년 11월 20일
초판 1쇄 발행 2009년 11월 30일

펴낸곳 논형
펴낸이 소재두
편   집 김현경 · 김가영
디자인 김예나
홍   보 박은정

등록번호 제2003-000019호
등록일자 2003년 3월 5일
주   소 서울시 관악구 성현동 7-78 한립토이프라자 6층
전   화 02-887-3561
팩   스 02-887-6690

ISBN 978-89-6357-602-2 04910
값   15,000원

이 책은 2008년도 정부재원(교육인적자원부 학술연구 조성사업비)으로
한국학술진흥재단의 지원을 받아 번역되었음(KRF-2008-321-A00118).

기획의 말

일본을 가깝고도 먼 나라라고 한다. 감정적인 거리를 뜻하는 말이겠지만, 학문적으로 무엇이 가깝고 무엇이 먼지 아직 불분명하다. 학문은 감정에 흔들려서는 안 된다. 지금까지 우리 학문은 일본을 평가하려고만 들었지, 분석하려고 하지 않았다. 더욱이 일본을 알아나가는 행위는 운명적으로 우리를 이해하는 길과 통해 있다. 그것이 백제 멸망 이후 바다를 넘어간 도래민족의 찬란한 문화, 조선통신사가 전한 선진 중국의 문물과 같은 자랑스러운 기억이든, 혹은 임진왜란, 정유재란, 식민통치로 이어지는 아픈 상처이든 일본과 한국은 떼어놓을 수 없는 적이자 동지이다.

그런 가운데 근대는 바로 그 질서를 뒤엎는 혁명적인 시기였다. 메이지유신을 통해 서구의 기술과 문물을 받아들인 일본은 동양의 근대화에서 하나의 본보기로 여겨졌으며, 그들 또한 자신의 기준을 동양에 강제적으로 이식시켰다. 근대는 한마디로 엄청난 높이, 놀라운 규모, 그리고 무서운 속도로 우리들에게 다가왔으며, 지금까지 경험하지 못한 공포와 함께 강한 매력을 선물하였다.

'일본 근대 스펙트럼'은 일본이 수용한 근대의 원형, 그리고 그것이 일본에 뿌리내리기까지 어떤 과정을 거쳐 변모했는지를 살피고자 한다. 특히 백화점, 박람회, 운동회, 철도와 여행 등 일련의 작업을 통해 근대 초기, 일본 사회를 충격과 흥분으로 몰아넣은 실상들을 하나하나 캐내고자 한다. 왜냐하면 우린 아직 그 높이, 규모, 속도를 정확히 측정한 적이 없기 때문이다. 다행히 '일본 근대 스펙트럼' 시리즈에서 소개하는 책들은 현재 일본 학계를 이끄는 대표적인 저서들로 전체를 가늠하는데 큰 힘이 될 것이다.

물론 이번 시리즈를 통해 우리가 얻고자 하는 결실은 일본 근대의 이해만이 아니다. 이번 작업을 통해 우리는 우리 근대 사회의 일상을 잴 수 있는 도구를 얻을 수 있을 것이다. 식민지 조선 사회를 형성하였던 근대의 맹아, 근대의 유혹과 반응, 그리고 그 근대의 변모들을 거대 담론으로만 재단한다면 근대의 본질을 놓치고 말 것이다. 근대는 일상의 승리였으며, 인간 본위의 욕망이 분출된 시기였기 때문이다. 안타깝게도 우리는 근대 사회의 조각들마저 잃어버렸거나 무시하여 왔다. 이제 이번 시리즈로 비록 모자라고 조각난 기억들과 자료들이지만, 이들을 어떻게 맞춰나가야 할지 그 지혜를 엿보는 것도 유익할 것이다.

기획자가 백화점, 박람회, 운동회, 일본의 군대, 철도와 여행 등을 시리즈로 묶은 이유는 이들 주제가 근대의 본질, 일상의 면모, 욕망의 현주소를 보여주는 구체적인 예라고 생각했기 때문이다. 수많은 상품을 한자리에 모아서 진열하고 파는 욕망의 궁전, 그리고 새로운 가치와 꿈을 주입하던 박람회는 말 그대로 '널리 보는' 행위가 중심이다. 전통적인 몸의 쓰임새와는 전혀 다른 새로운 움직임을 보여주었다는 점에서는 운동회와 여행은 근대적 신체가 어떻게 만들어졌으며, 근대적 신체에 무엇이 요구되었는지를 살피는 계기가 될 수도 있을 것이다. 이런저런 의미에서 근대를 한마디로 '보기'와 '움직이기'의 시대라고 할 수도 있겠다.

‘일본 근대 스펙트럼’은 바로 근대라는 빛이 일본 사회 속에서 어떤 다양한 색깔을 띠면서 전개되었는지를 살피는 작업이다. 또한 그 다양성이야말로 당대를 살아가던 사람들의 고민이자 기쁨이고 삶이었음을 증명해 보이고자 한다. 그리고 궁극적으로는 한국 사회의 근대 실상을 다양한 스펙트럼으로 조명되고, 입증하는 계기가 되었으면 좋겠다.

논형 기획위원회

서문

온천 붐이라는 말이 들리기 시작한지 오래되었다. 근년에는 온천 본연의 분위기를 즐기려는 풍조에 의해 원천源泉을 그대로 흘려보내는 온천수나 전통 온천의 정서를 즐길 수 있는 온천장의 인기가 높아지고 있다. 지금은 가이드북, 잡지의 기사, 인터넷 등 온천에 관한 정보는 도처에 범람해 있다.

온천은 오랜 옛날부터 인기 있는 여행 목적지였으며, 탕치를 위한 장소로 이용되어 왔기 때문에 역사적인 자료가 많이 남아 있다. 에도시대(근세)의 여행 안내서로 잘 알려져 있는 것이 1810년에 출판된 야스미 로안八隅魯菴의 『여행용심집旅行用心集』이다. 이 책은 여러 지방에 분포한 292곳의 온천을 열거하고 있으며, 온천을 고르는 방법과 탕치법 등을 안내하고 있다. 다만, 이 시대는 도보로 여행을 하던 때였기 때문에 인근의 농민이 농한기에 탕치를 위해 가거나, 신사나 사찰 참배를 위한 여정 중간에 잠깐 들르는 정도로, 이 시기에 온천을 방문할 수 있는 사람들은 상당히 제한되어 있었다.

근대 일본의 투어리즘은 전국적인 철도망의 형성과 함께 급속하게 진행되었다. 1차 세계대전 이후인 1920년대부터 1930년대(다이쇼기)에 걸쳐 등산·하이킹·스키·해수욕·피서 등의 인기가 치솟았으며, 이러한 사회풍조

속에서 온천은 엘리트 지식인이나 도시의 중산층뿐만 아니라, 농민에서 공장 근로자에 이르기까지 폭넓은 지지를 받았다.

투어리즘이 확대되어 가는 조건에는 경제적으로 풍요롭고 휴가를 즐길 수 있는 사람들의 증가, 안전하고 빠르게 이동할 수 있는 교통 기반의 정비, 미디어에 의한 관광 정보의 보급, 여행 대상지의 서비스 충실도를 들 수 있다. 이러한 것들은 모두 근대를 상징하는 현상이라고 할 수 있다.

2차 세계대전 이전의 관광 통계는 거의 정비되어 있지 않아 실증적인 데이터를 얻기는 어렵다. 그러나 온천의 입욕객수에 관해서는 내무성 위생국의 보고서 등을 통해 전국적인 수치를 얻을 수 있으며, 동시에 경제적인 변화도 상당 부분 파악할 수가 있다. 이 책에서는 1870년대(메이지 초기)부터 2차 세계대전까지를 대상 시기로 설정하고, 입욕객의 데이터를 활용하여 온천여행이 대중화되고, 탕치의 공간에서 관광지로 변용되어 가는 과정을 고찰하고자 한다. 또한 투어리즘 발달의 버팀목이 되었던 교통수단의 개선, 온천과 관련된 미디어 전개에 관해서도 다루고자 한다.

이 책은 다음과 같이 구성되어 있다. 1장에서는 온천에 관한 안내서를 개관하였다. 논점을 먼저 언급하면, 이 시기에는 내무성 위생국이나 철도원·철도성에 의한 관제 출판물이 주도적인 역할을 담당하였으며, 후생 자원으로써 온천을 활용하거나 철도의 영업 수입 증대를 도모하였다. 2장에서는 1886년의 『일본광천지日本鑛泉誌』를 참고로, 철도여행 보급 이전의 온천지의 양상을 다루었다. 3장에서는 1923년의 『전국 온천 광천에 관한 조사』 등을 실마리로 하여 철도여행 보급에 의해 다수의 입욕객을 맞아들이게 된 온천지의 양상을 파악하였다. 4장에서는 1930년대(쇼와 초기)를 전후한 두 개의 미디어 이벤트를 중심으로 온천의 인기투표에 열광한 각지의 동향을 다루었다. 5장에서는 도쿄 주변의 온천지를 사례로 철도성이 편찬한 『온천

안내溫泉案內』를 분석하여 요양·보양·행락·위안과 같이 각 온천지의 특색이 분화되어 가는 과정을 살펴보았다. 6장에서는 온천후생운동의 전개와 일본 온천협회의 활동을 조망해 보며, 전쟁기의 온천여행의 흥망성쇠와 그 종언을 기록하였다.

이 책에는 온천 안내서뿐만 아니라 조감도, 그림엽서, 전단지, 광고 등을 상당수 게재하였다. 이 그림이나 도면을 통해 온천지의 모습이나 광고의 의도 등을 파악할 수 있을 것이다. 또한 이 책에 게재한 도서, 조감도, 그림엽서, 전단지에 관해서는 소장 기관을 제시한 것 이외는 필자가 소장하고 있는 것을 사용하였다.

차례

온천 안내서는 연구자나 실무가를 위한 전문적인 내용의 것과 대중을 위한
실용본 두 가지로 나눌 수 있다. 하지만 엄밀히 구분하기 어려운 안내서도
적지 않다. 여기에서는 다음 장 이하에서 활용하는 온천 안내서의 계보에
대해 우선 개관해 두고자 한다.

1. 서양 과학의 영향

서양 과학에 기초한 온천연구는 쇄국정책하에서 완전히 단절된 것은 아니다.

예를 들면 난학[1]의 학자인 우타가와 요안宇田川溶菴(1798~1846)은
1828년경부터 이즈 아타미伊豆熱海·슈젠지修善寺, 세쓰 아리마
摂津有馬, 미마사카 유바라美作湯原·유고湯郷, 시나노 스와信濃諏
訪, 우젠 아카유羽前赤湯·고시키五色, 이세 고모노伊勢菰野, 가가
야마시로加賀山代·야마나카山中 등에서 온천의 화학적 분석을

1 쇄국정책을 실시하던 근
세(에도시대) 중기 이후, 네
덜란드어를 통해 서양의 문
화와 학술을 연구하려고 했
던 학문으로 의학·수학·병학
·천문학·화학 등의 분야를 망
라하고 있다.

실시하고 이를 「제국온천시설諸国温泉試説」에 남기고 있다(후지나미 고이치[藤浪剛一], 『온천지식[温泉知識]』, 1938년). 단, 이러한 성과는 직접적으로 참조되는 일 없이, 이후 근대에 접어들자 온천연구는 고용된 외국인의 과학적 지식을 도입해 새롭게 출발하게 된다.

헤르츠, 『일본온천독안내』

안톤 요하네스 코르넬리스 헤르츠Anton Johannes Cornelis Geerts(1843~1883)는 1869년에 네덜란드에서 일본으로 건너와 나가사키長崎의학교의 예과교사 가 되었으며, 1874년부터 문부성文部省의 의무국医務局에 귀속되어 교토京都 · 요코하마横浜의 사약장司薬場(약품검사 기관)의 시험감독 등을 역임하고 약품 단속 검사와 함께 온천 조사를 담당하였다.

　참고로 일본 정부에 의한 온천(행정용어로는 '광천[鉱泉]') 조사는 1873년에 시작되었다. 1877년의 『위생국보고衛生局報告』에 의하면, 1873년 각 부府 현県에 그 관내의 광천의 용출 연대 등을 조사해 신고하도록 통지하고, 이를 채취하여 사약장에 보내 성분을 분석하거나, 사약장에서 직접 조사원을 파견해 현지 검사를 하였다고 한다. 그리고 1876년 6월까지 신고된 광천은 663개소(온천 508·냉천 155)로 그 가운데 시험이 끝난 곳은 41개소라는 수치가 기재되어 있다.

　『일본온천독안내日本温泉獨案内』(당시 일본에서 '독안내'란 입문서·안내서 등을 의미함) 는 시험 분석의 실무를 담당한 헤르츠의 저술을 바탕으로 의가医家를 위해서 뿐만 아니라, 온천을 이용하는 사람이 읽기에 편리하도록 1879년에 번역 · 출판된 것이다. 이 책에 기술된 온천의 분류와 각각에 해당하는 온천의 일람을 정리한 것이 [표 1-1]이다. 여기에서 헤르츠는 '유기 알칼리 온천수'

표 1-1 헤르츠에 의한 온천의 분류

중성천		이즈(伊豆)	아타미(熱海), 고나(古奈), 유가시마(湯ヶ島)
		사가미(相模)	하코네유모토(箱根湯本), 도노사와(塔ノ沢[5湯]), 미야노시타(宮ノ下[2湯]), 도가지마(堂ヶ島[3湯]), 기가(木賀[5湯])
		시모쓰케(下野)	유니시카와(湯西川), 기타(喜多[4湯]), 오마루즈카(大丸塚[4湯])
		히고(肥後)	히나구(雛来/日奈久), 히라야마(平山)
무기산천		시모쓰케(下野)	나스유모토(那須湯本)
유기산천	알칼리천	이세(伊勢)	고모노(菰野/湯の山)
		이즈(伊豆)	슈젠지(修善寺[13湯])
		기이(紀伊)	류진(竜神), 혼구(本宮)/ 유노미네(湯ノ峰), 쓰바키(椿), 나마리야마(鉛山)/ 시라하마(白浜[7湯])
	산화칼슘천	발견되지 않음	
	단순산천	야마시로(山城)	도센보(童仙坊) 냉천
		사가미(相模)	유가와라(湯河原[4湯])
	탄화철천	시모쓰케(下野)	나스산도고야(那須三斗小屋),
		세쓰(摂津)	아리마(有馬)
		히젠(肥前)	오센가고쿠 고지고쿠(温泉ヶ嶽小地獄)/ 운젠(雲仙)
함염천	황산철천	우에노(上野)	구사쓰(草津[9湯])
		시모쓰케(下野)	유모토시오바라(湯本塩原[4湯])
		히젠(肥前)	오센가고쿠 고지고쿠(温泉ヶ嶽小地獄)/ 운젠(雲仙)
		히고(肥後)	유노타니(湯ノ谷), 다루타마(垂玉)
		오스미(大隅)	이오다니(硫黄谷)
	함염황산석회천	우에노(上野)	이카호(伊香保)
		시모쓰케(下野)	나스이타무로(那須板室)
		히젠(肥前)	우레시노(嬉野), 다케오(武雄)
	산화마그네슘천	이즈(伊豆)	아타미(熱海[5湯])
		시나노(信濃)	시마무라(島村)
		미마사카(美作)	유노고(湯郷) 또는 유가미(湯上)
		히젠(肥前)	시마바라(島原)
	염천	세쓰(摂津)	아리마(有馬), 다다(多田), 히토쿠라(一庫)
		기이(紀伊)	나마리야마(鉛山)/ 시라하마(白浜)
아황산나트륨천		이즈(伊豆)	오유(大湯), 요시나(芳奈/ 吉奈)
		사가미(相模)	아시노유(芦ノ湯[4湯])
		시모쓰케(下野)	닛코(日光[6湯])
		기이(紀伊)	가쓰우라(勝浦)
		히고(肥後)	야마가(山鹿)

복수의 온천인 경우 [ ] 안에 그 수를 기재하였다.
또 이즈(伊豆)로 분류되어 있던 유가와라(湯河原)와 효가(日向)로 분류되어 있던
이오다니(硫黄谷)의 소재지를 수정하였다(헤르츠, 『일본온천독안내』, 1879)

에 대해 효험이 대단하며 모든 병에 좋고, 내복에 가장 효능이 있다고 해설하고 있다. 본문이 47쪽인 소책자이기는 하지만 "어찌되었든 일본 전국 온천에 관한 저서 중 넘버원이었다"라고 한다(이자와 이하치로[井澤亥八郎], 「온천에 관한 국문도서총람[温泉に関する邦文図書総覧]」, 1929년).

벨츠, 『일본광천론』

1876년에 도쿄의학교의 교사로 독일에서 일본에 온 에리빈 폰 벨츠Erwin von Balz(1849~1913)는 일본의 의학에 많은 공헌을 한 것으로 알려져 있다[그림 1-1]. 벨츠는 또한 구사쓰·이카호·아타미·하코네 등 각지의 온천지를 시찰하고 온천지 계획과 온천요법에 관한 논고를 정리하였다.

1880년에 번역·출판된 『일본광천론日本鉱泉論』은 내무성에 제출한 온천지의 개량 방안을 정리한 건의서를 바탕으로 하고 있다. 이 책에서는 온천수의 입욕과 음용의 효능 외에 기후요법을 중시하고, 대도시 시민들이 맑고 상쾌한 공기를 흡수해야 한다고 그 필요성을 설명하고 있다.

또한 구체적인 유의점으로 ① 여행시 주의점, ② 가옥의 이해利害, ③ 음식의 공급, ④ 온천위원의 설치 이렇게 네 가지를 들고 있다. ①에서는 마차·인력거의 진동으로 인한 해害를 지적하면서 가마로 이동하는 것이 최상이라고 추천하고 있다. 이것은 도로의 개량이 충분하지 않았던 당시의 상황을 반영한 것이다. ②에서는 1명당 다다미 1장 정도로 가옥이 협소한 점, 변소의 구조나 청소에도 부족함이 있다는 점 등을 지적하고 있다. ③에서는 도쿄에 비해 온천장은 음식이 조악하기 때문에 신선한 식재를 운반하여 자양을 보충하는 것이 시급하다고 설명하고 있다. 이렇게 이동이 곤란하

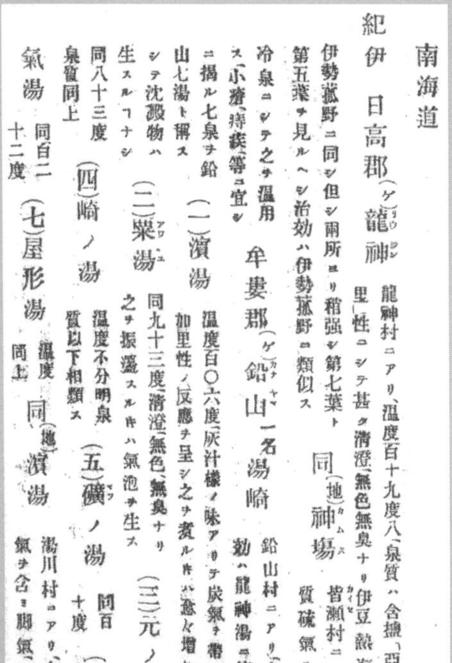

南海道

紀伊　日高郡（ケ）龍神

龍神村ニアリ温度百十九度八泉質ハ含擽「亞兒加
里」性ニシテ甚タ清澄「無色無臭ナリ伊豆熱海及ヒ
伊勢菰野ニ同シ但シ兩所ヨリ稍強ク第七葉ト
第五薬ヲ見ルヘシ治効ハ伊勢菰野ニ類似ス

冷泉ニシテ浴用
ス「小濟「痔疾等ニ宜」

ニ擽ル七泉ヲ鉛
山七湯ト稱ス
シテ沈澱物ハ
生スルモノナシ

同八十三度
泉質同上

氣湯　同百二
十二度

牟婁郡（ケ）鉛山一名湯崎

（一）濱湯

温度百〇六度「灰汁様ノ味アリテ炭氣ヲ帶モ亞兒
加里性ノ反應ヲ呈シ之ヲ煮ルトキハ急々ニ増加ス而
之ヲ振盪スルトキハ氣泡ヲ生ス

（二）棄湯

同九十三度清澄「無色「無臭ナリ

（三）元ノ湯

温度不分明泉
質以下相類ス

（四）崎ノ湯

（五）礦ノ湯

温度六
十度

（六）疝
閉湯

（七）屋形湯

温度
同上

同（濱）湯

同（地）神場

鉛山村ニアリ泉質治
効ハ龍神湯ニ等シ次

皆瀬村ニアリ泉
質硫氣ヲ含ミ

湯川村ニアリ泉質硫
氣ヲ含ミ膀氣中風等

그림 1-1
도쿄대학 구내의 벨츠 흉상

그림 1-2
구와다 도모아키 편,
(『일본온천고』의 본문, 1880
국립국회도서관 소장)

고 일상이 자유롭지 못한 정도가 극히 심하다면 온천의 효능이 상실되기 때문에 마땅히 개선해야 한다고 설명한다. ④에서는 온천 전체의 이익을 관리하는 위원을 중심으로 도로의 건설과 보수·산책로의 개설·환자 보호 등의 사업을 해야 하며, 독서실·휴게실·식당을 갖춘 쿠어하우스²를 건설하고, 예기藝妓를 초대해 밤새 소란을 떠는 행위를 제한할 것을 요구하고 있다. 이러한 제안은 독일의 온천 휴양소를 아는 벨츠로서는 당연한 것이었을지 모르나, 관계자의 지식을 계몽하는 효과가 상당히 컸을 것이다.

2 쿠어하우스(kurhaus[獨]) 란 온천에 스포츠 트레이닝 설비를 갖추고, 종합적인 건강 유지를 목표로 하는 시설.

벨츠는 1887에「황국의 모범이 될 만한 대형 온천장 설립 의견서」를 궁내청에 제출하고 하코네의 오와쿠다니大通谷에 장대한 모범 온천장을 개발하려고 힘썼다(『하코네온천사[箱根温泉史]』, 1986년). 1890년에는 구사쓰의 토지를 매입해 쿠어하우스를 건설하려고 노력하였으나 어느 쪽도 실현되지 못하였다(기구레 긴다유[木暮金太夫]·나카자와 고조[中沢晃三] 편, 『벨츠 박사와 군마의 온천[ベルツ博士と群馬の温泉]』, 1990년).

구와타 도모아키, 『일본온천고』

1880년에 출판된『일본온천고日本温泉考』는 구와타 도모아키桑田知明가 요코하마사약장의 교사인 게르츠의『신찬본초강목新撰本草綱目』(원서는 *Les produits de la nature japonaise et chinoise*)에서 초역한 일본의 광천 부분에 다른 서적에서 초출한 것을 더하여 편찬한 것이다. 게르츠는 전술한 헤르츠Geerts를 말한다. 이 책에는 지방별·나라별로 각지의 온천을 망라하고 있으며 소재지·성분·효능 등이 기록되어 있다(그림 1-2).

이 책에 수록되어 있는 온천 데이터에는 출처가 명기되어 있어 요코하마사약장 교사 헤르츠(원서에는 게르츠로 표기)의 설說, 지질 겸 광산학사 라이먼 Ryman의 검사에 의한 것, 도쿄사약장 교사 마틴Martin의 설, 오사카사약장 교사 디월스B. W. Dwars의 설, 사약장 교사 리틀Little의 설, 지볼트Siebold의 치료효과를 부가한 것, 『일본지지제요日本地誌提要』에서 초출한 것, 『치현일람표治県一覧表』에서 초출한 것, 그 외의 조사에 의한 것의 아홉 가지가 있다.

『일본온천고』에 게재되어 있는 온천은 506개소에 이른다. 출처를 집계해 보면, 복수의 출처가 기록되어 있는 온천도 있기 때문에 585개소가 된다. 그 내역은 헤르츠 54, 라이먼 55, 마틴 28, 디월스 5, 리틀 0, 지볼트 5, 『일본지지제요』 326, 『치현일람표』 90, 그 외 22개소다. 구와타는 헤르츠의 저작을 바탕으로 했다고 하지만, 가장 많이 의존하고 있는 것은 『일본지지제요』다. 이것은 정원正院[3]의 지지과地誌課가 편찬하고 1874년부터 1879년에 걸쳐 간행한 전 8권 77편이나 되는 관선지지서官選地誌書다. 또한 『치현일람표』는 「부현통계서府県統計書」의 항목이 통일되기 이전의 간소한 보고로 여겨지며 군마群馬현, 후쿠시마福島현, 구마모토熊本현 등에서 참조하였다.

라이먼(1835~1920)은 1872년부터 1880년까지 홋카이도北海道 개척사와 공무성工務省의 기사로 지질 조사와 석유 조사를 맡았다. 홋카이도 22개소의 온천은 모두 그의 조사에 의한 것이다. 참고로 이 책을 편찬한 구와타는 라이먼의 조수 중 한 명이었다(후쿠미 소에코副見苾子,「라이먼 잡기[ライマン雑記] 16」, 1999년).

이렇듯이 메이지 초기에는 공중위생, 지지 편찬地誌編纂, 자원 조사 등이 이뤄지는 시점에서 전국의 온천이 그 조사 대상이었음을 알 수 있다.

3 1871년에 관제 개편에 의해 설치된 최고 관청.

구사쓰온천 안내서

1867년 메이지유신 이후, 근대기에 접어들어 각지의 온천 안내서의 양식이 곧바로 바뀐 것은 아니며, 근세 에도江戸시대의 명소도회名所図会4에서 볼 수 있는 부감도나 각지의 명소나 유적, 신사의 기원이나 유래와 관련된 그림을 다용한 일본식 책·정판整版(판목에 의한 인쇄)에 의한 출판물을 1890년대(메이지 중기)까지 볼 수 있다. 그 일례로 구사쓰온천의 안내서를 살펴보자.

『구사쓰온천의 이해草津温泉の古々路恵』는 구사쓰에 사는 오리타 사키치折田佐吉에 의해 1880년에 출판된 10장 정도의 소책자다. 그 내용은 온천 기원·온천 수질·구사쓰 5광천 분석표·온천 효능·복용 수칙·입욕 금기·구사쓰 명소·산물과 같은 항목으로 구성되어 있다. [그림 1-3]에 표시된 부분에는 네쓰노유熱の湯·와시노유鷲の湯·지조노유地蔵の湯·고자노유御座の湯·다키노유瀧の湯 등 다섯 개의 원천源泉에 대한 분석표가 게재되어 있으며, 그 출전은 『내무성 위생국 잡지内務省衛生局雑誌』 제1호에 게재된 분석표라고 명기되어 있다. 『내무성 위생국 잡지』 제1호는 1876년 4월 발행으로 '구마가야熊谷현5 관내 광천 성분표 및 의·치료용'으로서 이카호·시마四万·구사쓰의 데이터가 게재되어 있다. 또한 [그림 1-3]의 왼쪽 그림에는 "관의 광천수를 분석하다官医礦泉を分析す"라는 표제가 있으며 서구적인 복장을 한 인물이 검사를 하고 있는 모습이 묘사되어 있다.

아마도 온천의 효능은 그 화학적 성분에 의한 것이라는 지식이 퍼졌기 때문에 이러한 분석표를 게재하는 것이 유효한 선전이 된다고 판단했을 것이다. 온천을 방문하는 많은 사람들에게 분석표의 해석은 어려웠겠

4 근세 후기에 간행된 지리서로 각지의 명소, 유적, 신사 등의 유래나 산물을 기재한 그림이 들어가 있다. 1780년에 아키사토 리토(秋里籬島)가 편찬한 「도명소도회」가 그 시초로, 특히 「에도명소도회」가 유명하다.

5 근대 초기의 행정체제하에서 존재했던 현(1871~1876)으로 현재의 사이타마(埼玉)현 서부 및 군마현 대부분이 여기에 해당한다.

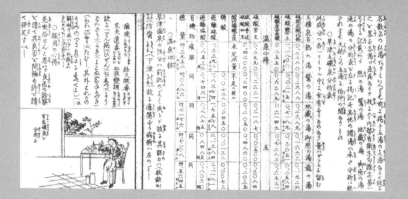

그림 1-3
『구사쓰온천의 이해』에 실린 분석표
(군마대학 종합정보 미디어센터 도서관 소장, 1880)

그림 1-4
『구사쓰온천 입욕을 손쉽게 배우는 법』의 본문
(군마대학 종합정보 미디어센터 도서관 소장, 1885)

지만, 그 데이터는 효능의 보증서와 같은 가치가 있었을 것이다. 온천 분석표는 이러한 책자뿐만 아니라, 한 장의 조감도에 게재되는 예도 많이 볼 수 있다.

1885년 구사쓰草津 출신의 오카와 가쿠조大川角造에 의해 출판된『구사쓰온천 입욕을 손쉽게 배우는 법草津鉱泉入浴教之捷径』도 일본식 책으로 목판 인쇄된 11장의 소책자다. 이 책에서는 5개소의 온천 분석표·입욕법·내복 용량·금기·명소유적·신사불각·산물·거리·기차 요금표·인력거, 가마, 말의 요금표·공동 욕장의 위치가 안내되어 있다. 그중에서도 간행 전년에 개통된 다카사키高崎까지의 기차 운임표가 있어서 교통에 관한 항목이 상세하게 기록되어 있는 것이 눈에 띈다.

이 책은 [그림 1-4]에 있는 것처럼 설명문에 간략한 부감도가 첨부되어 있다. 오른쪽에는 지조노유의 분석표가, 왼쪽에는 "서양 학자 닥터 헤르츠 선생의 말에 의하면 이 온천은 제 4종의 염분이 포함된 온천수의 최고로서"라는 기술이 있으며『일본온천독안내』의 온천 분류가 인용되어 있다. 이렇듯이 온천지에서 출판된 1870년대 후반의 안내서에도 새로운 지식이 적극적으로 도입되었다는 것을 알 수 있다.

2. 내무성 위생국에 의한 출판물

1873년 문부성文部省에 설치된 의무국医務局이 1875년에 내무성内務省으로 이관되어 위생국衛生局이 설립되었고, 이후 이곳에서 온천을 관할하게 된다. 따라서 내무성 위생국의 출판물을 통해 온천이 어떻게 인식되고 있었는지 살펴보기로 하자. 또한 전술한 사약장은 1883년에 위생시험소衛生試験所

로 개칭되었다.

『일본광천지』

『일본광천지日本鑛泉誌』전 3권의 출판은
1886년이다(그림 1-5). 이 책은 1881년에
독일 프랑크푸르트에서 개최된 '만국 광
천 박람회'에 출품하기 위해 정부가 각
부현에 조회하여 모은 전국 광천의 성
분, 위치와 풍경, 입욕객수, 발견년도 등
의 기록을 바탕으로 간행되었다. 따라
서 자료수집 시기와 간행년도에 약간의
오차가 있는 것에 주의해야 한다. 상권
482쪽, 중권 466쪽, 하권 396쪽의 분량으
로, 전국 922개소의 광천이 기재되어 있

그림 1-5 『일본광천지』전 3권(1886)
(도쿄대학 종합도서관 소장본)

다. 이 책은 「메이지 후기 산업발달사 자료明治後期産業発達史資料」의 342·343
·344권으로, 류케이쇼사龍渓書舍에서 복각復刻된 것 외에, 국립국회도서관에
소장된 근대 초기(메이지시대, 1868~1912) 간행 도서에 관한 데이터베이스 「근대
디지털 라이브러리」에도 수록되어 있어 웹상에서도 열람할 수 있다.

　　1934년의 조사에서 광천장 868개소·원천 5889개소(『온천대감溫泉大鑑』,
1935년), 지하수 굴착공업의 발달에 의해 급증한 경향을 보이는 1940년 조사
에서는 광천장 933개소·원천 6305개소(『일본온천대감[日本溫泉大鑑]』, 1941년)인
것을 생각하면, 1880년대(메이지 초기)의 단계에서 신속하게 광천 자원의 일람
표가 작성되었다는 것을 이해할 수 있다.

한편 정부는 이 '만국 광천 박람회'에 분석표·지도·욕실 모형 등을 보내 일등상을 받은 것이 『일본광천지』의 서두에 기술되어 있다. 또한 와쿠라온천和倉温泉[6]도 출품하여 3등의 영예를 차지했다고 한다(다가와 쇼이치[田川捷一], 『와쿠라온천의 역사和倉温泉のれきし』, 1992년). 이 수상으로 인해 1886년의 『와쿠라온천고和倉温泉考』와 1889년의 『노토노쿠니 와쿠라광천 효능서能登国和倉鉱泉能書』에서도 세계 제3위의 온천으로 소개되며 뛰어난 성분이 선전되어 입욕자가 증가하였다. 1917년의 『보양유람 일본온천안내保養遊覧日本温泉案内』에도 "이 온천을 독일의 만국박람회에 출품하여 세계 제3위라는 판정을 받았다"라고 기록되어 있어, 와쿠라에서 오랫동안 그 명성이 이어져 왔다는 것을 알 수 있다.

6 이시카와(石川)현 소재의 온천으로 무색투명한 식염 온천수로 알려져 있다.

그런데 『일본광천지』의 서언에는 "광천은 모든 종류의 유효 성분을 포함하는 '하늘이 내려준 천혜의 약재'로, 본국은 서구에 비해 빈부귀천의 구별 없이 동등하게 그 천혜의 혜택을 누릴 수 있을 것이다. 그러나 고래古來의 민간 경험에 의해 막연하게 광천을 사용하고 위공偉功을 충분히 발양發揚하지 못하고 있는 것이 안타까워, 위생국 창립 이래 각지의 광천 조사 및 분석에 착수해 왔다"고 서술하고 있다.

그리고 광천장에 필요한 것으로는 ① 광천장의 모든 이해의 책임을 맡기는 관리인을 둘 것, ② 광천의 성질을 명확히 밝히고 적정한 응용 범위를 넓힐 것, ③ 토지의 경치를 이용하여 양생에 투자할 것, 기후와의 관계를 정확히 밝힐 것, ④ 광천에 전담 의사를 상주시킬 것, ⑤ 광천장의 위생을 개량할 것, ⑥ 내욕자来浴者의 생활을 어지럽히는 유해한 쾌락물을 제거하고 순정한 유희장 등을 만들 것 등의 6가지를 들고 있다. 이러한 점을 벽지의 광천에서 신속하게 실행하기 어렵지만 장래의 진보를 꾀하기 위해 개량에 착수해야 한다고 논하고 있다. 이러한 개량 사항에는 벨츠의 주장을 받아들

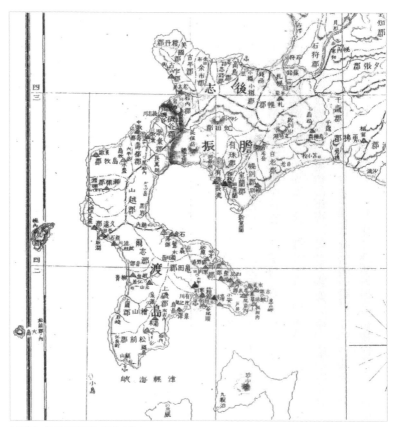

그림 1-6 홋카이도의 광천 분포
원 도판은 다색 인쇄로 광천은 성분별로 색이 나누어져 있으며 ▲로 표시되어 있다.
그 분포를 볼 수 있는 것은 게재된 그림의 범위뿐이며 그 이외에는 데이터가 공백인 지역이다.
(『일본광천지』의 부도[附圖], 도쿄대학 종합도서관 소장)

인 점이 많다는 것을 알 수 있다.

각지의 천질의 항목을 보면, 단순천·산성천·탄산천·염류천·유황천·천질 미상으로 구분되어, 1리터당 화학성분, 염도가 기재되어 있다. 단 저명한 온천지에 대해서는 수치화한 성분이 기록되어 있지만, 대부분은 '유황산 다량', '질산 소량', '알칼리 근미', '철분 흔적'과 같이 대략적인 내용이다. 이와 같이 조사의 정도가 충분하지는 않았지만 이 책은 서양 의학에 기초한 효용과 이용법을 설명하며 전국 각지의 온천을 망라적으로 파악하고 내무성 지리국지과地理局誌課의 부현분할도府県分轄図를 바탕으로 분포도를 작성하는 등(그림 1-6), 근대적인 온천 연구의 원전原典으로 자리 잡았다.

『일본의 광천The mineral springs of Japan』

『일본의 광천The mineral springs of Japan』은 1915년 샌프란시스코에서 개최된 파나마 태평양 만국박람회에 출품하기 위하여 내무성 도쿄위생시험소東京衛生試驗所가 편찬하고, 동년 6월에 발행한 것이다. 구체적인 편집은 위생시험소 사무관인 이시쓰 리사쿠石津利作가 담당하였다.

이 책은 3부로 구성되어 있으며, 1부는 일본의 경관, 화산과 광천, 지질, 기후, 기후요법·온천요법·해수욕의 기원, 온천의 개설槪說, 광천과 치료요소, 광천의 분류 등에 관한 내용을 담고 있고, 본문은 94쪽이다. [그림 1-7]과 같은 여러 가지 도표를 활용하며 서술되어 있다. 서두에는 도쿄제국대학 교수인 야마사키 나오마사山崎直方·진보 고토라神保小虎, 도쿄고등사범학교 교수인 가토 다케오加藤武男로부터 사사謝辭, 지질조사소와 중앙기상대의 자료를 사용했다는 것이 기술되어 있다.

2부에는 온천·용출량·양이온·음이온·방사능·전기전도율 등의 분석 결과를 각지의 광천별로 기재한 데이터와 방사능의 양과 온천 등 조사항목별로 상위에서부터 나열한 일람표가 게재되어 있으며 203쪽 분량이다. 입욕객수가 산출된 광천은 678개소로『일본광천지』와 비교해 보면 적다(타이완을 제외한 조선의 37개소를 포함). 분석 결과의 예로서 노보리베쓰온천登別溫泉인 다키노유의 데이터를 [그림 1-8]에 표시하였다. 이를 살펴보면 분석 기관과 조사년

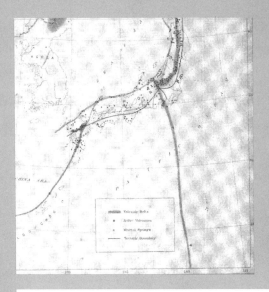

NOBORIBETSU

Location.—Noboribetsu-mura, Horobetsu-gun, Province Iburi, Hokkaidō.

The springs issue from the Tufaceous Clay.

The hot spring "Taki-no-yu"

Analysis (calculated from the original numbers).

Analysed by The Tōkyō Imperial Hygienic Laboratory. 1910.

Specific gravity : 1,0001 at 14° C.　　　Temperature : *71,5° C.

Total residue : ca. 0,81.　　　Flow of water : ca. 54000 hectolitres in 24 hours.

In 1 kilogram of the mineral water are contained :

The mineral water corresponds approximately in its composition to a solution containing in 1 kilogram :

Cations.	Grams	Milli-mols	Milligram-equivalents
Hydrogen ion (H·)	0,00241	2,38703	**2,38703**
Potassium ion (K·)	0,01302	0,33597	0,33597
Sodium ion (Na·)	0,07791	3,38004	3,38004
Ammonium ion (NH·₄)	0,00662	0,36615	0,36615
Calcium ion (Ca··)	0,02669	0,66725	1,33450
Magnesium ion (Mg··)	0,00682	0,27997	0,55994
Ferric ion (Fe···)	**0,01818**	0,32464	0,97392
Aluminium ion (Al···)	0,01420	0,52399	1,57197
			10,90952

Anions.			
Chlorine ion (Cl′)	0,05730	1,61636	1,61636
Hydrosulphate ion (HSO₄′)	0,23157	2,38560	2,38560
Sulphate ion (SO₄′′)	0,33177	3,45378	**6,90756**
	0,78649	15,72078	10,90952
Boric acid (meta) (HBO₂)	0,00227		
Silicic acid (meta) (H₂SiO₃)	0,22671		
	1,01547		

	Grams
Potassium chloride (KCl)	0,02481
Sodium chloride (NaCl)	0,05368
Ammonium chloride (NH₄Cl)	0,01960
Sodium sulphate (Na₂SO₄)	0,17502
Calcium sulphate (CaSO₄)	0,09078
Magnesium sulphate (MgSO₄)	0,03371
Ferric sulphate [Fe₂(SO₄)₃]	0,06495
Aluminium sulphate [Al₂(SO₄)₃]	0,09001
Free sulphuric acid (H₂SO₄)	0,23157
Boric acid (meta) (HBO₂)	0,00227
Silicic acid (meta) (H₂SiO₃)	0,22671
	1,01311

The spring thus may be classified as "**acid vitriol spring**".

Radio-activity. **0,13** Mache's units in 1 litre of water at 14,5° C.

(Kohl.-Löw. fontact.; Y. Kinugasa, Oct. 16, 1913).

Electric conductivity. $\gamma_{18} \times 10^{-4} = 14,58.$

*The temperature of the water was measured at the uppermost end of conduit, about 1/8 m. up from the bath.

그림 1-7
화산대와 광천의 분포
범례는 위에서부터 '화산대', '활화산', '광천', '지질구조의 경계'로 되어 있으며 타이완과 조선반도도 포함하여 나타내고 있다.(『일본의 광천[The mineral springs of Japan]』, 1915)

그림 1-8
노보리베쓰·다키노유의 분석표(『일본의 광천[The mineral springs of Japan]』, 1915)

차가 기록되어 있으며, 상세한 조사가 이루어진 것을 알 수 있다.

참고로 퀴리 부부가 노벨물리학상을 수상한 것은 1903년으로, 라듐 등을 포함한 방사능선이 가지는 치료 효과에 대한 관심도 높아지고 있었던 것 같다. 이 책에는 내무성의 지시에 의해 도쿄·오사카의 위생시험소가 1913년부터 전국의 주요 광천의 방사능에 관한 조사를 했다는 것이 기록되어 있으며, 일람표에는 온천으로는 미사사三朝(돗토리[鳥取]), 냉천으로는 마스토미增富와 야마나시山梨가 라듐 등의 함유량이 가장 많은 것으로 기재되어 있다. 미사사三朝온천에서는 1914년에 이시쓰 리사쿠石津利作가 "방사능 작용과 성질이 현저하게 크다는 사실을 밝혀낸 이래로 사계절 입욕객이 급증하고 …… 마을이 운영하는 라듐 요양소와 같이 여러 가지 신식 장비를 갖춘 욕장도 만들어졌다"라는 기술에서도 새로운 정보에 민감한 사람들의 모습을 연상해 볼 수 있다(마쓰바라 아쓰시[松原厚], 「미사사온천의 원천배치[三朝温泉泉源の配置]」, 1924년).

3부는 홋카이도에서 가고시마鹿児島현까지의 부현과 조선·타이완 순으로 저명한 온천·연안 보양지·피서지에 관한 정보를 안내하고 있다. 장소에 따라 내용의 차이가 있지만, 지리적인 특징·교통·숙박시설·입욕객 수 등이 70쪽에 걸쳐 기재되어 있다. 해수욕장이나 닛코日光·일본 알프스 등의 안내를 포함하는 것은 이 책이 외국인 관광객의 유도를 노린 가이드북 역할도 담당했기 때문일 것이다. 이 외에도 이 책에는 77장의 사진을 게재한 도판圖版 부록이 첨부되어 있다.

'만국 광천 박람회' 출품을 계기로 한 조사에서부터 30여 년, 『일본의 광천The mineral springs of Japan』을 보면 세계를 향해 과학적인 분석 수준을 과시하고, 또한 건강에 적합한 휴양지가 있음을 선전하기 위해 필사적으로 정보를 수집한 점이 느껴진다.

『전국 온천 광천에 관한 조사』

1923년에 발행된 『전국 온천 광천에 관한 조사全国温泉鉱泉=関スル調査』는 지방의 온천·광천의 개요를 파악하기 위하여 1921년 12월에 위생국장이 각 지방 장관에게 조회를 지시해 그 회답을 기초로 편찬한 것이다. 조사항목은 명칭·소재지·관리 방법·설비개요(숙박·숙박료 등)·1911년부터 1920년에 이르는 각 년도의 남녀별 입욕객수·분석표 및 효능·교통기관의 7가지다. 수록된 온천·광천은 946개소에 달하며, 나가노長野현이 114개소로 가장 많고 교토京都·시가滋賀·오키나와沖縄에는 하나도 없다.

이 책은 365쪽 분량으로 온천·광천에 관한 개략적인 내용과 분석표의 2부로 나뉘어 기재되어 있다. [그림 1-9]는 시즈오카静岡현의 개요 일부를 나타낸 것이다. 이것을 보면 전술한 조사항목에 맞춰 표로 정리되어 있는 것을 알 수 있다. 교통 관계에는 철도·자동차·마차·인력거가 기록되어 있어 다양한 이동수단이 혼재해 있었음을 짐작할 수 있다.

또한 이 책은 당시의 온천의 관리 방법을 알 수 있다는 특징이 있다. 이 도식 안에는 개인 경영, 각 소유자의 관리, 주식회사에 의한 공급 등의 기술이 보인다. 그리고 이 외의 관리 방법으로 관유지나 황실 소유지의 임차, 마을이나 대학에 의한 공동 욕장 관리, 조합 경영, 여러 사람의 공동 경영 등이 있다. 이처럼 관리 방법에 신경을 쓴 것은 입욕객이 많이 찾아오게 되자, 온천의 경제적 가치가 상승하여 각지에서 그 권리를 둘러싼 분쟁이 발생하고 있었던 것과 관계가 있을 것이다.

『전국광천조사』

1935년에 간행된 『전국광천조사全国鉱泉調査』는 성분별 분류표와 지역별 분류표의 두 일람표를 게재하고 있는 267쪽 분량의 보고서다. 서두 부분에 총괄적인 숫자로 1934년 10월에 조사한 '본국 내륙지방 광천장 및 그 원천수 일람표'가 표시되어 있다. 그것에 의하면 전국의 원천 총수는 5889(온천 5567, 냉천 322), 광천 총수는 868(온천 613, 냉천 25)에 달한다. 이 조사의 시점에서 분석이 끝난 원천의 수는 867에 지나지 않으며 성분 불명인 원천의 비율이 85%에 달하고 있다. 또한 광천장 총수의 32%에 해당하는 276개소에서는 아직 분석이 이루어지지 않아 성분 불명으로 분류되었기 때문에 이용 개발상 대단히 유감이라는 코멘트가 쓰여 있다.

원천의 성분별 일람표를 보면 단순온천 205, 단순탄산천 10, 토류土類천7 14, 알칼리천 66, 식염천 229, 고미苦味천8 134, 탄산철천 56, 녹반綠礬천9 19, 명반明礬천10 2, 산성천 50, 유황천 68, 방사능작천 14로 나와 있다.

지역별 분류표에는 명칭·소재지·위치(강변·해안)·지질·원천의 수·용출량·온도·고형성분 총량·특수 성분·성분분류·전설적 혹은 선전적 효용 등의 항목이 있으나 공란인 부분도 적지 않다. 이 책을 『일본광천지』나 『전국 온천 광천에 관한 조사』와 비교해 보면, 교통이나 시설, 입욕객수 등의 정보가 없는 자원 일람표의 성격이 강하다.

7 물에 녹지 않고, 환원되기 어려운 금속산화물이 포함된 수질.
8 마그네슘 유산염천(硫酸鹽泉).
9 유산천(硫酸鐵)의 속칭.
10 칼륨·암모늄·나트륨 등 원자가가 1인 이온 유산염과 알루미늄·크롬·철 등 원자가가 3인 이온 유산염과 결합한 복염(複鹽)의 총칭으로 탕치의 효과가 크다고 알려져 있다. 벳푸(別府)온천의 천질이 여기에 해당한다.

道廳府縣名 名稱	所在地	交通關係	管理方法	設備概要	浴客者 男女數別	
静岡 五、伊豆山温	同郡熱海町 伊豆山	海陸二途ノ便アリ 小田原ヨリ輕便鐵 道ニテ二時間餘ニ シテ着ス	個人經營	宿泊料 一圓二錢 四圓五十錢 三圓 二圓十錢	男女同 二八、六六九人 三、九七六人	宣傳ニ用ユル效能ハ 其温鑛泉揚又ハ浴揚 組合ニ於テ廣告又ハ 痛風、漿液膜炎、ヒ ステリー、腎盂炎、 胃病、眼疾ニ效アリ
六、畑毛温泉	同郡函南村 畑毛	駿豆線大場驛ヨリ 車ノ便アリ其間馬 車約一里二丁	温泉ハ各所有者之 ヲ經營ス	宿泊料 二圓五十錢以上五	同 男 四、八六一人 女 二、三三人	火傷、花柳病、胃膈 加答兒、皮膚病
七、長岡温泉	同郡川西村 長岡	駿豆線伊豆長岡驛 下車ノ便アリ 其自動車遠人力車 等ノ便アリ	長岡鑛泉株式會社 各個人泉源ヲ有シ 數個ノ泉源ニ供給 シ各旅館ハ之ヲ收 受ス 有所有者之ヲ管理 ス其個人料	旅館十數戸アリ 宿泊料 三圓五十錢位以上	同 男 一三、二八四人 女 八、二七〇人	(一)浴用 リューマチス、慢性 ヒステリー、脊髓 勞、人生殖器病、婦 (二)内用 胃カタル、腸カタル
八、古奈温泉	同方郡川西村 古奈	駿豆線伊豆長岡驛 下車人力車、此間 自動車、馬車 勤車約一里其間自 動車、馬車	源泉數ヶ所ヲ有シ 各所有者管理ス	宿泊料 二圓五十錢位	自大正四年至 大正九年十四年 均ニ於ケル十一ヶ年間 男浴客數九 女六、五〇二人 男九、六四九人	(一)浴用 リューマチス、慢性 ヒステリー、脊髓 炎、人生殖器病、脊 髓炎、婦 (二)内用 胃カタル、腸カタル
九、吉奈鹽泉	司郡上狩野村	駿豆線大仁驛ヨリ	源泉十ケ所アリテ	旅館二戸	自	婦人諸病ニ特効アリ

그림 1-9
시즈오카현의 온천 개요(부분)
『전국 온천 광천에 관한 조사』(국립국회도서관 소장)

억 인킬로

- ■ 민간철도 · 수송 인킬로
- □ 국유철도 · 수송 인킬로

그림 1-10 철도에 의한 여객수송량의 추이(『일본장기통계총람[日本長期統計総覧]』 제2권에서 참고)

3. 철도원 · 철도성에 의한 안내서

1906년에 철도국유법이 공포되자 관설철도와 사설철도를 통합해 전국에 노선을 전개하는 국유철도가 성립하였다. 그 사업자인 철도원(1920년 5월에 철도성으로 승격)은 영업 수입의 증가와 여객 이용의 촉진을 위하여 철도를 이용한 관광여행의 보급을 도모하게 된다.

『철도여행안내』

이것의 단서로서 철도원 편찬『철도원노선의 유람지안내鉄道院線沿道遊覧地案

그림 1-11
각종 『철도원노선의 유람지안내』·『철도여행안내』
왼쪽(위): 1936년 간행, 오른쪽(위): 1924년 간행
왼쪽(아래): 1918년 간행, 오른쪽(아래): 1911년 간행

內』의 간행을 들 수 있다. 국립국회도서관에는 1909년 6월 인수 기록이 있는 것이 소장되어 있다. 단 발행년의 기록은 없으며 비매품으로 발행부수도 한정되어 있었을 것이다. 권말에는 "당원에서 '철도원노선의 유람지안내'를 편찬하게 되어 1부를 헌납하오니 …… 많은 분들이 피서여행 계획을 서두르고 계실 것을 생각하여 여행길에 일조하고자 간행을 서두릅니다"라고 쓰여 있어 여름 휴가 여행 안내를 위해 배포되었다고 생각한다. 또한 "국유 후 그 의도와는 달리 세인의 기대에 못 미치는 일이 많았던 점을 부끄러이 여겨"라는 자기반성도 쓰여 있는 것으로 보아, 새로운 수요를 개척하기 위해 서비스 향상을 도모하고 있었음을 알 수 있다.

[그림 1-10]에 제시한 것처럼 국유철도의 여객수송량(수송 인원×수송 거리)은 국유철도가 성립한 다음해인 1907년에 38억 인킬로를 넘어, 1차 세계대전부터는 증가 속도를 높여 1928년에 216억 인킬로에 달하고 있다. 그 후 세계대공황의 영향으로 일단 감소하지만 중일전쟁이 시작된 이후부터 수송량이 급증하여 1944년에는 773억 인킬로가 되었다. 한편 민영철도의 수송량은 주로 도시부의 근거리 수송을 담당하고 있었기 때문에 국유철도와 비교해 보면 적지만 1940년 이후에는 100억 인킬로를 상회하고 있다.

당초 비매품이었던 안내서도 1913년의 『철도노선의 유람지안내鉄道沿線遊覧地案内』부터는 하쿠분칸博文館에 허가를 주고 번각 출판시키는 방식이 되어, 다음해부터는 『철도여행안내鉄道旅行案内』로 서명을 바꾸고 문장도 구어체로, 판형도 휴대하기 편하게 개량하였다(나카가와 고이치[中川浩一], 『여행의 문화지[旅の文化誌]』, 1979년). 그 후에도 여객수송량의 증가에 맞추어 거의 매년 개정판을 만들어 『철도여행안내』는 보급률이 현저하게 늘었다(그림 1-11).

이후 『철도여행안내』와 같은 총론적인 내용만이 아닌 『신사참배神まうで』(1919년), 『사찰참배お寺まゐり』(1922년), 『스키와 스케이트スキーとスケート』(1924년),

표 1-2 『온천안내』의 서지(書誌)

편찬자	발행년월	판본	쪽수	번각 발행자	발행처	정가
철도원	1920. 3.	초판	2+15+468p	기재 없음	기재 없음	기재 없음
철도성	1921. 10.	14판	〃	하쿠분칸(博文館)	하쿠분칸	1엔 14전
철도성	1922. 9.	16판	〃	위와 같음	위와 같음	위와 같음
	1927. 6.	초판	2+18+16+560p	일본여행협회	하쿠분칸	1엔 80전
	1927. 9.	재판	보강 3p	〃	〃	〃
철도성	1928. 8.	6판	보강 28p	〃	〃	〃
	1929. 6.	10판	보강 33p, 부록 5p	〃	〃	〃
	1930. 7.	16판	보강 57p, 부록 5p	〃	〃	〃
	1931. 3.	초판	4+24+688p	기재 없음	기재 없음	기재 없음
철도성	1933. 8.	재판	4+24+687p	일본온천협회	하쿠분칸	1엔 50전
	1937. 10.	18판	4+24+688p	위와 같음	〃	1엔 80전
철도성	1940. 3.	초판	2+21+432p	일본온천협회	하쿠분칸	2엔 80전
	1941. 6.	재판	〃			

쪽수에서 사진 페이지는 포함하지 않았다.
'기재 없음'이라고 되어 있는 것은 비매품으로, 시판용도 있었다.

『일본알프스안내日本アルプス案内』(1925년) 등의 테마별 안내서도 발행되었다. 그중 하나인『온천안내温泉案内』는 1920년에 초판이 발행되어 그 후 세 번의 전면적인 개정이 이루어졌다([표 1-2]).

『온천안내』 1920년판

1920년판의 번각·발행자는 하쿠분칸이다. 그 범례에는 "이 책은 철도를 이용해 노선 부근의 온천에서 쉬고자 하는 사람을 위하여 그 여행 계획에 도움을 주고자 발행한 것이다"라고 되어 있으며 "철도에서 너무 떨어진 온천, 여관 설비가 없는 온천, 일반 탕치자와 관계가 없는 온천장 등 누락한 곳도 많다"고 하는 채록 기준이 쓰여 있다. 또한 사설 철도회사나 온천조합, 온천여관에서 많은 자료를 기증받은 설명이 첨부되어 있다.

이 1920년판에는 도카이도東海道선, 주오中央선, 간사이関西선, 도호쿠

東北선, 신에쓰信越선의 철도노선에 따라 각지의 온천이 기재되어 있으며, 권말에는 『일본의 실업実業之日本』에서 발췌한 온천요양에 관한 기사(이시즈 리사쿠[石津利作] 집필)나 주요 온천까지의 교통시간, 임금표 등이 수록되어 있다. 표에서도 알 수 있듯이 단기간에 많은 판을 간행한 것으로 보아 그 인기를 추정해볼 수 있다.

1927년판

1927년판에는 번각·발행자는 일본여행협회로 되어 있다. 이것은 1924년에 철도성의 후원으로 설립된 일본여행문화협회를 개칭한 단체이며, 여행전문잡지 『다비旅』의 간행 등에 의해 건전한 여행 취미의 육성, 철도여행 추진에 관여하였다. 그 후 일본여행협회는 1934년에 재팬투어리스트뷰로Japan Tourist Bureau(일본여행안내소)와 합병하고 회사명도 병기하는 형식이 되었다. 재팬투어리스트뷰로는 외국인 여행객을 유도하고 알선할 목적으로 1912년에 철도원이 중심이 되어 발족한 조직이다(『일본교통공사70년사日本交通公社70年史』, 1982년).

　　1927년판에도 철도노선에 따라 각지의 온천이 기재되어 있으나 그에 더하여 판을 늘리면서 누락된 곳에 대한 기재가 늘어나고 있는 점에 주목하고 싶다. 또한 권말의 부록은 없어졌지만 권두에 색인이 추가되었다. 본문 내의 교통수단의 기술도 순차 개정되어 있으며 철도노선망의 충실과 채록되는 온천수의 증가에서 이 시기의 온천여행의 성황을 엿볼 수 있다.

1931년판과 1940년판

1931년판부터는 번각·발행자가 일본온천협회로 되어 있다. 이것은 1929

년에 내무성과 철도성이 중심이 되어 설립된 단체로 부회장에는 내무성·철도성의 차관, 이사에는 도쿄철도국 여객계장, 재팬투어리스트뷰로의 간사, 내무성 위생국 기사, 동同 보건과장, 철도성 국제과장, 동同 여객과장 등이 취임하였으며 관료색이 강한 조직이었다(『일본온천협회70년 기념지[日本溫泉協會70年記念誌]』, 1999년). 협회사무소도 재팬투어리스트뷰로 내에 두

그림 1-12 『온천안내』 각 판
왼쪽에서부터 1920년 · 1927년 · 1931년 · 1940년판

고 있었다. 일본온천협회의 설립 목적은 온천에 관한 지식을 보급하고 온천지 발전에 공헌하는 것이었다.

이 1931년판은 종래의 편집 방식과 많이 다르다. 범례에 "이 책은 일본의 온천을 망라하여 철도에 의해 여행하는 사람들에게 더욱더 도움을 주고자 함이다"라고 밝히고 있어, 대부분의 온천이 빠짐없이 채록된 것을 알 수 있다. 내용에 관해서도 지방의 보고 자료 및 실지 조사를 기초로 하여, 기술記述의 쇄신을 기도하여 편찬하였다고 기록되어 있다. 또한 간토, 주부, 긴키近畿 등의 지방별로 구분하여 철도노선별로도 배열되어 있으며, 조선, 만주, 타이완, 사할린의 온천도 추가되었다. 그리고 권두에는 온천 요양법·광천 분류 등 48쪽에 걸친 총설, 권말에는 색인·효능 일람표를 첨부했다.

1940년판은 전체 쪽수는 줄어들었지만 판형이 커지고 본문은 2단으로 되어 있어 기술량은 증가하였다(그림 1-12). 구성은 1931년판을 답습하고

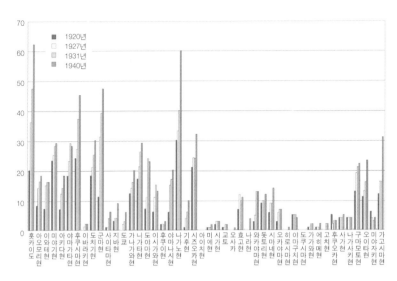

그림 1-13 철도성 편 『온천안내』에 기재된 온천지 수의 추이

있으며 해당 지방의 보고 자료를 기초로 편찬하였다고 한다.

　이처럼 세 번의 큰 개정을 거쳐 『온천안내』에 실린 온천수는 1920년판의 336에서 1940년판에는 일본 본토 697, 조선 21, 만주 3, 사할린 5로 크게 증가하였다. [그림 1-13]에는 『온천안내』 각 판에 기재된 온천수를 도도부현都道府県별로 표시하였다. 이것을 보면 온천지의 분포가 지역적으로 편재해 있다는 것을 재차 확인할 수 있다. 그리고 기재된 수가 거의 변하지 않은 도도부현이 약간 보이기는 하지만, 대부분은 증가하는 경향을 보였으며 특히 홋카이도, 후쿠시마, 군마, 나가노 등에서 확연한 증가 추세를 보인다는 것을 알 수 있다. 이 시기 여행 목적지에 어울리는 숙박시설이 갖추어진 온천지가 급속도로 개발된 것을 짐작할 수 있다.

영어판 『일본의 온천』(원제 – *The Hot springs of Japan*)

철도원은 외국인 여행객을 유치해 외자를 획득하기 위하여 영문으로 된 여행 안내서 편집에도 힘썼다. 『동아시아 여행안내An official guide to Eastern Asia』는 조선 만주, 서남 일본, 동북 일본, 중국, 동인도 제도를 다룬 5권으로 구성으로 1913년부터 1917년에 걸쳐 출판되었다. 출판에 이르게 된 경위에 대해서는 나카가와 고이치中川浩一의 『여행의 문화사旅の文化史』에 자세하게 나와 있는데, 국유철도의 100년이 넘는 역사 속에서 그동안 실시한 문화 사업들 중 단연 뛰어나다고 높이 평가하고 있다.

한편 공식 간행물 시리즈 A권Official Series Vol.A으로 1922년에 『일본의 온천The Hot Springs of Japan』이 출판되었다. 이 책에는 주요 냉천도 더해지고 대상 지역에는 조선·타이완·남만주도 포함되어 있다. 구성을 보면 지질, 화산, 광천의 현상·분류, 욕실의 종류, 여관 등의 개설로 시작해 각지의 온천 안내로 이어진다. 광천의 분석표 등의 데이터는 도쿄 위생시험소의 『일본의 광천The mineral Springs of Japan』에서 인용하고 있다. 또한 15장의 지도와 200장에 가까운 사진이 게재되어 있는데, 특히 지도에 관해서는 동시기의 일본어판 『온천안내』와 비교해 보면, 대형 접이식 지도가 많아 상세하고 정확하여 보기가 쉽다. 게다가 게재되어 있는 온천도 210개소 정도(조선·타이완·남만주를 포함)이기 때문에 각지의 해설 분량도 많아져 구체적이고 자세하다.

또한 이 책의 편집자로 철도성의 영문 가이드북 출판 디렉터 프레데릭 데 가리스Frederic de Garis의 이름이 명기되어 있다. 범례에서 그는 기술된 거의 모든 온천을 방문했다고 적고 있다. 철도성과 가리스와의 관계는 『일본의 전원풍경Japan Landscape Gardens』(1926년)과 『일본 꽃의 연차 주기The Annual

Cycle of Blossoms in Japan』(1926년) 등의 출판물에서도 확인할 수 있다. 또한 그는 하코네 미야노시타箱根宮ノ下[11]에 있는 후지야富土屋호텔이 발행한 일본의 습관, 예의 등에 관한 해설서『우리들 일본인We Japanese』(1934년)의 편집자이기도 하다. 참고로『우리들 일본인』의 온천 항목에 상세한 사항은 재팬투어리스트뷰로에서 판매 중인『일본의 온천The Hot Springs of Japan』(정가 9엔)을 추천한다는 문장을 덧붙이고 있다.

11 하코네(箱根)의 기가(木賀)온천으로 현재 일본 국가 공무원공제조합연합회가 운영하는 호텔, 리조트가 자리하고 있다.

　　이처럼 이 책은 일본을 잘 모르는 외국인 여행객을 위해 장소를 엄선하고 온천의 매력을 알리려 한 점에서 일본어판에는 없는 독자적인 개성을 느낄 수 있는 안내서다.

4. 민간에 의한 안내서 출판

각각의 온천지 단독 안내서 출판은 근대 이전부터의 긴 역사를 가지고 있으며, 1891년의『시모쓰케광천지下野鑛泉誌』, 1892년『우에노광천지上野鑛泉誌』·『시나노광천지信濃鑛泉誌』, 1895년『니와테현광천지岩手県鑛泉誌』와 같은 현 단위의 안내서도 1890년대 이후 눈에 띄기 시작하였다. 그러나 전국의 온천을 대상으로 한 것은 내무성 위생국의『일본광천지』이후로는 한동안 확인할 수 없다.

1900년대 이후(메이지 후기)의 온천안내

1890년대 후반부터 '피서여행'의 목적지로서 명승사적, 산악, 고원, 해수욕

장과 함께 온천을 소개하는 안내서가 증가하기 시작한다. 그러나 1901년의
『피서만유여행안내避暑漫遊旅行案内』나 1911년의 『산수명승피서안내山水名勝
避暑案内』에 게재되어 있는 온천수는 60개소 전후에 지나지 않았다.

　　이러한 상황 속에서 광천요법을 상세하게 기록한 2권의 저서가 눈에
띈다(표 1-3). 1904년의 『광천기후요법론鑛泉氣候療法論』은 의사가 환자를 요
양지에 보낼 때 참고서가 될 수 있도록 편찬한 것이다. 이 책의 전반부는
물의 생리적 작용·효용·욕법 및 적응증適應症·금기증禁忌症, 광천요법, 기후
의 작용 등을 해설하고 있으며, 후반부는 광천지지地誌·해수욕지지地誌·
피한지避寒地와 피서지避暑地의 안내로 구성되어 있다.

　　1910년의 『일본전지요양지日本轉地療養誌』는 『일본광천지』에 기초하
여 전국의 온천을 망라하고 있다. 광천요법뿐만 아니라, 기후요법, 해수욕
·해기海氣요법의 해설도 상세하며, 각지의 산간 요양지와 해수욕장도 게재
하고 있다. "이 책은 온천을 유람하려는 사람 혹은 온천요법을 알려고 하는
사람들의 필독서"라고 불렀다(후지나미 고이치[藤浪剛一], 『온천지식』, 1938년). 단 각
지의 온천 상황에 대해서는 『일본광천지』와 거의 다르지 않다. 또한 전문적
인 전지요양轉地療養12에 관한 해설이 주된 내용으로, 고가였던
점 때문에 독자는 한정되어 있었을 것이다.

12 기후가 좋거나 공기가
신선한 곳에 일시적으로 머
물며 요양을 하는 것.

1910년대부터 1920년대 중반(다이쇼기)까지의 온천안내

대중을 위한 안내서로서는 1917년의 도쿄온천안내사東京溫泉案内社와 온천
조사회溫泉調査會에 의한 저작 출판이 가장 빠르다(표 1-3 참조). 『보양유람일본
온천안내保養遊覽日本溫泉案内』의 「머리말」에는 온천을 고르기 위해서는 '스
승이나 친구와 같은 양서良書'가 필요하지만, 이제까지는 없었기 때문에 이

책을 간행하게 되었으며, 이를 위해 본사는 많은 노력을 기울여 구체적인 조사를 실행하였다고 서술하고 있다. 또한『전지요양온천지안내転地療養温泉地案内』의「머리말」에는 "이 나라의 온천 안내 저서의 효시다"라고 최초의 안내서인 것을 강조하며, 각지 온천여관의 협조를 얻어 무슨 병에는 어떤 온천이 좋은지, 유람지로는 어디가 좋은지를 조사하여 성분·효능·기후·풍경·비용·행로 등을 기술하였다고 적고 있다.

여행 가이드에게 필요한 역할을 정확히 파악한 정보를 담고 있는 것은 1918년의『전국온천명세안내全国温泉明細案内』다. 이 책은 온천의 위치, 교통, 특색, 천질, 효능, 여관, 명승고적 등을 조사하여 여행의 친절한 안내자가 됨과 동시에 온천욕을 즐기는 데 좋은 반려자가 되기를 기대하며, 또한 다망한 일상에 갇혀 있더라도 전국의 온천지에서 휴식을 즐기는 것처럼 느끼게 해 여름의 더위를 잊게 하는 벗이 될 것이라고 소개하고 있다. 즉 여행 준비에 도움이 되고 여행지에 휴대할 수 있을 뿐만 아니라, 이 안내서로 편안한 여행을 할 수 있다는 것을 판매 전략으로 내세운 것이다.

또한 다야마 가타이田山花袋의『온천순례温泉めぐり』나『온천주유温泉周遊』는 기행문으로, 실용적인 안내서는 아니다. 그렇지만『온천순례』는 판을 거듭할 정도로 베스트셀러가 되어 1926년에는 증보판이 나왔으며,『온천주유』의 2권도 1929년에는「조선과 만주의 온천鮮満の温泉」을 더한 합본合本으로 간행되어 많은 독자를 확보했다. 온천지의 풍정風情이나 사람들을 묘사한 부분이 재미있고, 가타이의 온천 평가도 흥미롭다.

1920년의『전국의 온천안내全国の温泉案内』에는 본문 상단에 기행문이 게재되어 있으며, 온천안내와 병행해 읽을 수 있다. 그 기행문의 작자도 다채로워, 다야마 가타이는 물론 가와히가시 헤키고토河東碧梧桐·다카야마 조규高山樗牛·시마무라 호게쓰島村抱月·오자키 고요尾崎紅葉·쓰보야 스이사이

표 1-3 1920년 중반(다이쇼기)까지의 온천에 관한 주요 안내서

발행년	편저자	서명	정가	발행처	쪽수
1904	오즈카 리쿠타로 (大塚陸太郎)	『광천기후요법론』	1엔 80전	도호도서점 (吐鳳堂書店)	486
1910	나가오 세쓰조 (長尾折三)	『일본전지요양지 : 명욕천안내』	3엔	도호도서점	662
1917	도쿄온천안내사	『보양유람 일본온천안내』	90전	세분도 (誠文堂)	398
1917	온천조사회	『전지요양온천지안내』	45전	산도쿠샤 (三德社)	141
1918	전국온천안내사	『전국온천명세안내』	95전	오란다쇼보 (阿蘭陀書房)	328
1918	다야마 가타이 (田山花袋)	『온천순례』	1엔 20전	하쿠분칸 (博文館)	476
1919	도쿄온천안내사	『보양유람 일본온천안내』 정정증보판	1엔 35전	세분도	398+ 185
1919	마쓰카와 지로 (松川二郎)	『보양유람 신온천안내』	1엔 50전	유세도 (有精堂)	351
1920	전국명소안내사	『전국의 온천안내』	2엔 50전	오카무라서점 (岡村書店)	636
1920	온천연구회	『전국온천안내』	1엔 40전	니혼서점 (日本書店)	526
1920	이시가미 로쿠노스케 (石上錄之助)	『보양유람 전국온천명승일주』	1엔 60전	세분칸서점 (精文館書店)	431
1921	우네 요시토 (宇根義人)	『춘하추동온천안내』	2엔 50전	도세도 (東盛堂)	449
1922	다야마 가타이, 나카자와 히로미쓰 (中沢弘光)	『온천주유』 서권	4엔 50전	긴세도 (金星堂)	111장+ 235
1922	다야마 가타이, 나카자와 히로미쓰	『온천주유』 동권	4엔 50전	긴세도	96장+ 247
1922	마쓰카와 지로	『요양본위 온천안내』	2엔 60전	산도쿠샤	592
1925	오가와 다쿠지 (小川琢治)	『온천의 연구』	1엔 50전	나이가이출판 (內外出版)	296
1925	모리카와 겐노스케 (森川憲之介)	『신편일본온천안내』	2엔 50전	세분도	666+ 50
1926	모리카와 겐노스케	『숨겨진 우수한 온천신안내』	2엔 30전	하쿠요샤 (白揚社)	417

坪谷水哉·오마치 게이게쓰大町桂月·고지마 우스이小島鳥水·오쓰키 후미히코大槻文彦·고다 로한幸田露伴·도쿠토미 로카德富蘆花·시가 시게다카志賀重昂 등의 이름을 볼 수 있다. 이 책은 기행문을 읽는 것만으로도 공상의 여행을 즐길 수 있게 만든다.

『지큐』 온천호

『지큐地球』는 교토제국대학 이학부 지질학교실에 소속된 지구학단地球學團의 기관지다. 지구학단의 규약에는 지구에 관한 학술연구를 추진하고 나아가 동호인의 친목을 도모하는 것을 목적으로 한다고 기술되어 있으며, 지질학·지리학 등의 연구와 그 보급을 진작시키기 위한 잡지로 1924년에 창간되었다. 이후 6책冊을 한 권卷으로 하여 27권까지 이어졌다. 그 제2권 1호가 온천 특집이다. 집필자로는 오가와 다쿠지小川琢治·후지나미 고이치藤浪剛一·기다 사다키치喜田貞吉·요코야마 마타지로橫山又次郎·다나카 아카마로田中阿歌麿·이시바시 고로石橋五郎·사토 덴조佐藤伝蔵·하마다 세이료浜田青陵·나이토 고난內藤湖南이 있으며 지질학·온천의학·역사·민속 등 폭넓은 내용의 논고가 게재되어 있다(그림 1-14).

　이『지큐地球』 온천호溫泉号의 서두에는 "마침 하기휴가 여행 계절에 접어들어, 본지 독자가 견학 혹은 휴양 목적으로 가정을 나와 교실을 떠나기 때문에 독자의 자연현상을 고찰할 일단으로서 이번호의 전 지면을 온천에 관한 것으로 준비하였다. …… 지금도 온천 안내기와 그에 관한 과학적 연구는 전문가의 보고는 있어도 계통적으로 정리한 단행본은 없다"라고 적고 있다.

　이 기술에서 당시 정리된 온천에 관한 연구서가 없었다는 점, 또한 지구학단의 회원들도 하기휴가 여행의 목적지로 온천은 빠뜨릴 수 없는 곳이었다는 것을 알 수 있다. 이 온천호에는 상응하는 수요가 있었을 것으로 생각되며, 다음해에 오가와 다쿠지小川琢治 편의 『온천의 연구』라는 단행본으로 재간행되었다.

그림 1-14 『지큐(地球)』 온천호의 표지

이처럼 전국의 온천지를 다룬 대중을 위한 안내서의 출판은 1910년대에 접어들어 관官과 민民의 양 방향에서 활발히 이루어졌으며 내용도 충실해졌다. 이러한 움직임은 철도를 이용한 여행의 보급 시기와도 일치한다.

칼럼1 - 온천 서열도(溫泉番付)

스모의 씨름꾼의 순위를 기록한 서열도(序列圖)인 반즈케(番付)를 모방해 동서로 나누어 온천의 지위를 표시한 온천 반즈케는 랭킹을 좋아하는 사람에게는 매우 흥미로운 대상일 것이다. 기구레 긴다유(木暮金太夫)의 설명에 의하면, 온천 반즈케는 일본의 근세 중기부터 후기에 걸쳐 유행하여 1910년경(메이지 말기)까지 각지에서 출판된 것으로, 출판지는 도쿄와 교토 외에 후쿠시마·도치기·군마현 등으로, 특히 구사쓰의 것이 압도적으로 많다고 한다(기구레 긴다유 편, 「온천 반즈케에 관해서」, 『니시키에로 보는 일본의 온천[錦絵にみる日本の温泉]』, 2003년). 근세 에도시대에는 「제국온천효능감(諸国温泉効能鑑)」이라는 타이틀로 많이 출판되었다. 문자 그대로 온천의 효능을 알기 위한 안내서로서 중히 여겨졌던 것 같다.

여기서는 『니시키에로 보는 일본의 온천』에 게재되어 있는 세 장의 반즈케와 구사쓰에서 간행된 것을 예로 들고자 한다. 반즈케에 게재되어 있는 온천의 수는 100곳을 상회하는 것이 많은데, 여기서는 상위의 온천만을 비교해 보기로 하자. [표 1-4]에서 볼 수 있듯이, 가장 상위의 자리인 동(東)편의 오제키(大関)가 구사쓰, 서(西)편의 오제키(大関)가 군마로 되어 있다.

동편의 반즈케에서 구사쓰 다음에 오는 곳은 나스·유가와라·아시노유·다케·이카호·나루코·다카유 등으로 모두 에도시대의 반즈케에서도 볼 수 있는 역사가 있는 온천이다. 특히 반즈케 상위에 있는 곳은 용존 물질이 적은 단순 온천보다 요양 효과를 얻을 수 있는 성분이 함유된 온천이라고 할 수 있다. 1940년의 철도성 『온천안내』에 의하면, 구사쓰는 '유화수소 함유 산성 명반 녹반천', 나스유모토와 다카유는 '유화수소 함유 산성 녹반천', 유가와라는 '약 알칼리성 식염천', 아시노유는 '단순 유화수소천', 다케는 '산성 녹반천', 이카호는 '석회성 고미천·탄산철천', 나루코는 '알칼리천·망소 함유 유화수소천'이라는 성분이 기재되어 있어, 산성천과 염류천의 온천이 순위에 올라 있다는 것을 알 수 있다. 특히 구사쓰의 지칸유(時間湯)[13] 입욕법은 잘 알려져 있었다([그림 1-15]).

또한 오가온천은 서열에는 '오가시마'로 표기되어 있으며 에도시대에는 번주(藩主)가 이용한 온천으로 알려져 있다. 하지만 『전국 온천 광천에 관한 조사(全国温泉鉱泉ニ関スル調査)』에 의하면 유모토로 되어 있고 1910년대부터 1920년대

그림 1-15
구사쓰온천의 지칸유의 해설
가운데(위): 탕의 온도를 낮추기 위하여 탕을 젓는다.
오른쪽(아래): 100회에서 300회 탕을 끼얹는다.
왼쪽(아래): 지시에 따라 탕에 들어간다. 시간은 3분을 넘지 않는다.

그림 1-16
온천 서열을 게재한 「조슈구사쓰온천도(上州草津温泉図)」
저자 · 발행자 불명, 1892년 간행

표 1-4 온천 반즈케에 보이는 온천일람(온천장/지역)

서열		1817	1887	1896	1908
동 (東)	오제키(大関)	구사쓰(草津)/군마	구사쓰/군마	구사쓰/군마	구사쓰/군마
	세키와케(関脇)	나스(那須)/도치기	이카호/군마	나스/도치기	나스/도치기
	고무스비(小結)	유가와라(湯河原)/ 가나가와	시오바라/도치기	오가/아키타	스와/나가노
	마에가시라(前頭)	아시노유(芦ノ湯)/ 가나가와 다케(岳)/후쿠시마 이카호(伊香保)/군마 나루코(鳴子)/미야자키 다카유(高湯)/야마가타 오가(男鹿)/아키타 다케(嶽)/아오모리 하코네유모토(箱根湯本) /가나가와	슈젠지/시즈오카 유가하라 미야노시타/가나가와 다케/후쿠시마 나스/도치기 다카유/야마가타 나루코/미야자키 오가/아키타	이카호/군마 유가하라 아시노유/가나가와 다케/후쿠시마 다카유/야마가타 나루코/미야자키 스와/나가노 다케/아오모리	다케/후쿠시마 나루코/미야자키 오가/아키타 유가하라 아시노유/가나가와 닛코/도치기 시부/나가노 이카호/군마
서 (西)	오제키(大関)	아리마(有馬)/효고	아리마/효고	아리마/효고	아리마/효고
	세키와케(関脇)	가노사키(城崎)/효고	가노사키/효고	가노사키/효고	가노사키/효고
	고무스비(小結)	도고(道後)/에히메	도고/에히메	도고/에히메	도고/에히메
	마에가시라(前頭)	야마나카(山中)/이시카와 아소(阿蘇)/구마모토 하마와키(浜協)/오이타 운젠(雲仙)/나가사키 기리시마(霧島)/가고시마 벳푸(別府)/오이타 야마가(山鹿)/구마모토 게로(下呂)/기후	야마나카/이시카와 아소/구마모토 하마와키/오이타 운젠/나가사키 기리시마/가고시마 벳푸/오이타 야마가/구마모토 오와니/아오모리	야마나카/이시카와 아소/구마모토 하마와키/오이타 운젠/나가사키 기리시마/가고시마 벳푸/오이타 야마가/구마모토 게로/기후	야마나카/이시카와 운젠/나가사키 아소/구마모토 기리시마/가고시마 야마가/구마모토 와쿠라/이시카와 슈젠지 게로/기후
교지(行司)		아타미(熱海)/시즈오카 구마노혼구(熊能本宮)/ 와카야마 오와니(大鰐)/아오모리	구마노혼구/와카야마 구마노혼구/와카야마 닛코/도치기	아타미/시즈오카 구마노혼구/와카야마 오와니/아오모리	아타미/시즈오카 하코네유모토 /가나가와 이카호/군마
간진모토(勧進元) 사시조이(差添)		구마노신구(熊野新宮) 가와하라유(川原湯)	시마(四万)/군마 아타미/시즈오카 아라유(新湯)/도치기	사와도(沢度) 구마노신구 고란유(河原湯)	구마노혼구/와카야마 구마노신구
도서명		「제국온천감 (諸國溫泉鑑)」	「제국온천일람 (諸國溫泉一覧)」	「제국온천감」	「대일본온천일람 (大日本溫泉一覧)」
출판인/지역		미시마야(三島屋)/ 구사쓰	가키모토겐지로 (垣本源次郎)/도쿄	미야자키 단주 (宮崎団十)/구사쓰	가타다 조지로 (片田長二郎)/ 도쿄

명칭에 취음자를 사용하고 있는 경우, 편의상 오늘날의 표기로 변경하였다.

중반(다이쇼기)까지의 연간 입욕객수는 불과 430명에 불과했다.

서편의 반즈케에서는 아리마·기노사키·도고·야마나카가 부동의 순위인 것을 알 수 있다. 모두 오랜 역사를 지닌 온천이다. 그 밑으로는 규슈의 온천으로 화산이 있는 아소·운젠·기리시마, 서로 인접해 있는 하마와키와 벳푸, 그리고 야마가로 이어진다. 규슈 이외로는 게로가 상위에 올라 있다. 동편의 반즈케와 비교해 보면 서편의 서열은 순위 변동이 적다. 이것은 도쿄·구사쓰라는 출판 지역 때문에 서일본의 온천에 대해서는 옛 지명도를 우선시했기 때문일 것이다.

또한 온천의 분포가 균질하지 않기 때문에 서편의 반즈케에 동일본의 온천이 들어가 있는 경우도 많다. 1887년의 아오모리현 오와니온천도 그 예이며, 더욱이 이 반즈케의 하위에는 도치기·니가타·가나가와·아키다·나가노·군마 등 동일본의 온천이 서편에 위치해 있다. 표에 의하면 슈젠지는 동서 양쪽 모두 반즈케 상위에 올라 있는 것을 알 수 있다.

교지(行司)[14]와 간진모토(勧進元)[15]·사시조에(差添)[16]에는 구마노혼구·구마노신구가 빠지지 않고 있으며, 그 외에 아타미에게도 자리를 배당하고 있다. 1896년에 구사쓰에서 출판된 반즈케에는 구사쓰에 가는 길목에 있는 사와타리·가와라유가 간진모토로 되어 있어 지역성도 엿볼 수 있다. 어찌되었든 구사쓰에서는 동편의 오제키라는 것을 절호의 선전 재료로 여기고 있었던 듯이 온천가의 그림과 함께 세트로 된 온천 반즈케가 몇 종류나 출판되었다(그림 1-16). 사견을 덧붙이자면 1880년대 후반(메이지 20년대)부터 1900년대 중반(메이지 30년대)까지 많이 간행되었다.

이와 같은 온천 반즈케가 1910년대 이후 거의 출판되지 않게 된 것은 그것을 대신하는 전국적인 온천 가이드북이 보급되었기 때문일 것이다. 즉 전국 각지의 온천에 관한 교통·효능·여관 등의 정보를 한 권에 정리한 것을 쉽게 손에 넣을 수 있게 됨에 따라 온천 반즈케는 역할을 다하게 되었다고 할 수 있다.

---

13 지칸유는 구사쓰(草津)온천에 오래 전부터 전해져 오는 입욕법으로, 68도에 이르는 높은 온도의 탕에 입욕하기 위해 풀무질을 통해 탕의 온도를 낮추고 입욕하여 고온의 온천수를 통해 탕치의 효과를 극대화하는 것을 말한다.
14 스모에서 경기를 진행하거나 승부를 판정하는 자.
15 사찰이나 불상을 세우기 위한 모금 활동으로 기획된 스모의 주최자.
16 스모의 씨름꾼을 돕는 역할을 하는 시종.

2장
철도여행 보급 이전의 온천지

1. 1880년대(메이지 초기)의 입욕객수 랭킹

여기에서는 철도망이 형성되기 이전의 온천지 상황을 파악하기 위하여 내무성 위생국이 편찬한 『일본광천지日本鑛泉誌』를 바탕으로 분석을 진행하고자 한다. 1장에서 기술했던 것처럼 이 책에는 전국 922개소의 광천에 대하여 성분·위치 경황·입욕 인원 등이 기재되어 있다. 입욕 인원은 범례에서 1878년 이후 2, 3년간을 평균하여 1년간의 개략적인 수치를 나타내거나, 평균이 아닌 경우에는 몇 년간을 나타낸다고 되어 있다. 하지만 실제 데이터를 보면 1876년부터 1880년, 1881년부터 1885년이라는 기간을 설정하고 있는 예도 일부 포함되어 있다. 따라서 대략 1880년을 전후한 시기(메이지 초기)의 연간 입욕객수라고 생각하면 좋을 것이다.

[표 2-1]은 입욕객수가 많은 광천의 일람을 표시한 것이다. 이 표에서는 입욕객수가 연간 1만 5000명 이상인 온천지를 다루었다. 이것을 일일로 환산하면 41명이 된다. 즉 상위의 온천지라고 하더라도 당시에는 그렇게

표 2-1 1880년을 전후한 시기의 온천지의 입욕객수

순위	명칭	소재지(현)	입욕객수	순위	명칭	소재지	입욕객수
1	도고(道後)	에히메	721,721	25	구사쓰(草津)	군마	24,150
2	쓰카사키(柄崎) (다케오[武雄])	사가	290,400	26	벳푸(別府)+ 하마와키(浜脇)	오이타	21,970
3	야마카(山鹿)	구마모토	95,046	27	유모토(湯本)	가나가와	21,600
4	시모아사마(下浅間) +가미아사마(上浅間) (아사마[浅間])	나가노	71,696	28	스와야마(諏訪山)	효고	21,333
5	미야노와키(宮の脇)	가고시마	69,250	29	시모베(下部)	야마나시	20,456
6	시부유(渋湯)	나가노	52,287	30	유노우라(湯ノ浦) (후키아게[吹上])	가고시마	19,880
7	무사시(武蔵) (후쓰카이치[二日市])	후쿠오카	50,000	31	도갓타(遠刈田)	미야기	19,648
8	인나이(院内)+오유 (大湯)(벳쇼[別所])	나가노	47,635	32	아오네(青根)	미야기	19,344
9	미야노시타(宮ノ下)	가고시마	46,815	33	아와즈(粟津)	이시카와	19,234
10	시라이토(白絲)	나가노	44,476	34	세토가나야마 (瀬戸鉛山) (시라하마[白浜])	와카야마	18,884
11	유다(湯田)	야마구치	43,787	35	도노사와(塔ノ澤)	가나가와	18,677
12	이오우다니(硫黄谷)	가고시마	40,627	36	야스다이(安台) (아시로[安代])	나가노	18,011
13	후루유(古湯)	사가	40,000	37	야쿠시노(薬師野) (신구[新宮])	이시카와	18,000
14	세키야(関屋)	니가타	38,535	38	아카유(赤湯)	야마가타	17,990
15	야마다(山田)	도야마	35,666	39	다가와(田川) (유다가와[湯田川])	야마가타	17,333
16	우레시노(嬉野)	사가	35,000	40	야마시로(山代)	이시카와	17,000
17	아타미(熱海)	시즈오카	34,368	41	다이가모리(台ヶ 森)	미야기	16,240
18	유모토(湯本)	야마구치	31,600	42	시키네(敷根)	가고시마	15,975
19	이와이(岩井)	돗토리	31,200	43	요시오카(吉岡)	돗토리	15,893
20	시오히타(塩浸)	가고시마	27,846	44	사바코(鯖湖) 외 2곳 (이자카[飯坂])	후쿠시마	15,461
21	미나토야마(湊山)	효고	27,640	45	고모노(菰野) (유노야마[湯の 山])	미에	15,158
22	유다나카(湯田中)	나가노	25,540	46	오가와(小川)	도야마	15,146
23	이카호(伊香保)	군마	24,883	47	다쓰노구치(辰口)	이시카와	15,120
24	마쓰데라(松寺)	이시카와	24,812	48	소코쿠라(底倉)	가나가와	15,000

이자카온천의 경우 사바코(鯖湖)·아카다테(赤川端)·다키노유(滝の湯)의 통계를 표시하였다.
『일본광천지』를 근거로 하여 작성

큰 규모는 아니었다는 것을 알 수 있다. 이하에서는 10위까지의 온천지 개요를 설명하고자 한다.

도고온천

1위인 도고온천道後溫泉의 연간 평균 입욕객수는 72만 1721명으로 단연 앞서 있다. 이것을 일일 입욕객수로 환산하면 1977명이 된다. 이 수치에 대해 『일본광천지』에서는 다른 번성한 욕장과 비교해 보더라도 너무 많지만, 그것은 외래의 입욕객과 지역민이 아침저녁으로 입욕한 것을 합산했기 때문이라고 되어 있다.

당시의 도고온천에는 세 개의 욕장 시설이 있었다. 이치노유一之湯·니노유二之湯·산노유三之湯는 한 건물에 있었으며 원천源泉은 하나였다. 욕조에는 화강암이 사용되었고 크기는 각각 달랐다. 이치노유의 지류를 사용한 요조유養生湯에는 남녀의 욕실이 있었으며 바닥에 흰모래를 깔았다. 1876년의 입욕료는 이치노유(남)가 주간 5리厘[1]·야간 7리, 니노유(남)와 산노유(여)가 주간 1리·야간 3리, 요조유가 무료였다. 그리고 이치노유를 한 시간 동안 대절하려면 25전錢이 필요했다(『도고온천중보판(道後溫泉增補版)』, 1982년). 하지만 이치노유를 대절해 사용하면 일반 입욕객에게 불편을 끼치기 때문에 상류층 입욕객을 위해 1878년에 새 욕탕을 완성하였다. 이 새로운 욕탕은 남녀 욕실과 특별실로 되어 있으며 3층 누각의 화려한 건물이었다. 이 외에 모든 욕탕에서 사용한 온천수를 한군데로 모아 합친 규바유牛馬湯가 설치되어 있었다. 참고로 『일본광천지』에는 우마 3078마리가 입욕했다고 기록되어 있다.

[1] 1엔(円)의 1/1000을 나타내는 통화단위로 1센(錢)의 1/10에 해당한다. 메이지 초기에 엔(円), 센(錢)과 함께 일본의 통화단위로 제정되었으며 1953년의 소액통화 정리 및 지불금의 단수계산에 관한 법률제정에 의해 사용되지 않게 되었다.

그림 2-1
도고온천 본관(오른쪽)과 신관(왼쪽)
(『일본의 광천[The mineral springs of Japan]』, 1915)

그림 2-2
「쓰카사키온천진경」의 일부
(『사가현독안내』, 1890/ 다케오시[武雄市] 도서관·역사자료관 편
『온천 온화한 공간[温泉 和みの空間]』에 소재)

그 후 초제町制2 의 시행과 함께 온천 경영은 초町가 담당하게 되었다.

그리고 요조유가 1892년에 이치노유·니노유·산노유(본관[本館])가 1894년에, 신관新館에 위치한 신유新湯가 1899년에 연달아 개축되었다([그림 2-1]). 1900년경의 연간 입욕객수는 본관 5705명, 신관 39만 5171명, 요조유 37만 2083명, 마쓰유松湯 20만 5020명, 구스리유薬湯 3만 1095명이었다(『도고온천지략[道後温泉誌略]』, 1901년). 이 수치에 지역민의 월정月定 이용자는 포함되어 있지 않지만, 그럼에도 남성 61만 351명, 여성 39만 9723명, 합계 100만 명으로 1880년을 전후한 시기(메이지 초기)의 입욕객수와 비교해 크게 증가하였다.

2 지방공공단체의 구성과 조직, 권한, 감독을 위해 제정된 법률로 1888년에 초(町)를 단위로 제정되었으며, 1911년에 손(村)을 더해 초손제(町村制)로 정비되었다. 이후 1947년에 지방자치법에 흡수·통합되었다. 초(町)는 행정구역상 시(市)와 손(村)의 중간에 해당한다.

쓰카사키온천

2위인 쓰카사키온천柄崎温泉은 다케오온천武雄温泉의 옛 명칭이다. 이 온천은 29만 명의 입욕객이 이용하였다. 이 수치에 대해, 유람객이 단연 많고 단순히 병을 고치러 오는 사람은 3분의 1 정도라는 기록이 있는 것으로 보아 이미 탕치객보다도 유람객이 많았던 것을 알 수 있다. 위치나 경관의 소개를 보면, 용출한 온천수가 연못에 가득차면 돌로 된 통을 따라 7개소로 나뉘어 흐르게 되어 있었으며 온천조합사무소가 설치되어 욕장 관리를 하고 있었다. 욕실 구조가 상당히 좋았으며 여관이 40채 정도 있었다고 기록되어 있다.

[그림 2-2]는 1890년의 『사가현독안내佐賀県独案内』에 게재되어 있는 「쓰카사키온천진경」이다. 이 그림에 그려져 있는 다케오온천의 모토유元湯 건물은 1875년에 지어진 것으로, 초기의 욕장을 수백 년에 걸쳐 수선해 가며 하며 사용해 왔지만 문명화된 세상이 도래하자 청결함을 다하기 위해 오래

된 것을 새로 고쳤다고 한다(『사가현 기시마군 다케오온천지佐賀県杵島郡武雄温泉誌』, 1891년). 이 건물의 입구에는 '호라이센蓬莱泉'이라는 간판이 걸려 있으며 중앙의 정원이 정비되어 있는 모습을 볼 수 있다.

1895년에는 사가佐賀와 다케오온천이 철도로 연결되어 다케오역이 운영되었다. 1902년의 『피서여행안내避暑旅行案内』에 따르면, 내욕자가 증가하고 여관업을 하는 집이 60채에 이를 정도로 상당히 번성하였으며, 특히 여름에는 피서를 겸해 방문하는 자가 많아 빈방을 찾아볼 수 없었다고 기술되어 있을 만큼 나날이 발전하고 있었다. 또한 욕실은 8등급으로 나누어, 특등 5전, 상등 3전, 중등 2전, 하등 5리부터 2리까지라는 식으로 입욕요금을 설정하고 있었다.

야마카온천

3위인 야마카온천山鹿温泉의 욕실에는 귀빈 전용의 다키노유瀧ノ湯(어전탕) 외에 사쿠라유桜湯(남탕), 모미지유紅葉湯(여탕), 소치유瘡治湯(외상 치료탕) 그리고 다키노유에서 온천수를 끌어온 마쓰노유松ノ湯가 있었다. 『일본광천지』에 의하면 욕실의 구조는 상당히 웅장했으며 석재를 사용해 욕조를 만들고 바닥에는 모래를 깔고 용출구는 각각 그 밑에 있었다. 여관은 크고 작은 여관이 80여 채 있었고, 구마모토熊本까지는 7리(27.5km)의 거리인데 마차의 왕래는 편리하다고 기술되어 있다. 야마카온천의 욕장은 1871년에 그 지역의 명망가 이노우에 진주로井上甚十郎와 에가미 쓰나오江上津直를 중심으로 주민과의 협력을 통해 완성하였다.

1873년에는 탕치객으로부터 1주일에 마쓰노유 3전 5리, 모미지유 2전 5리, 사쿠라유 1전 2리를 징수하도록 정해져 있었는데, 입욕요금을 명확하게 징수하기 시작한 것은 1898년 이후의 일이다. 그 전년에는 온천의 소유가 구區에서 야마카초町로 바뀌었다(『야마카시사[山鹿市史] 하권』, 1985년). 또한 도고온천에서 목공인 사카모토 마타하치로坂本又八郎를 초대하여 그 설계를 바탕으로 욕장을 1898년부터 3년 정도에 거쳐 완성하였다(그림 2-3). 욕장의 건축은 호화롭고 화려했으며, 정원을 만들고 휴게소·오락실 등도 설치하였다. 욕실은 다키노유·마쓰노유·모미지노유·사쿠라유·우미노유海の湯 5단계로 나뉘어 있었다(『야마카온천지[山鹿温泉誌]』, 1926년). 또한 욕장뿐만 아니라 온천 주변에 많은 셋집을 만들어 임대료 수익도 상당했다. 그중 최고 랭킹의 건물이 마쓰카제칸松風館으로 호소카와細川번의 다실을 개축한 것이었다.

아사마온천

4위인 아사마온천浅間温泉은 『일본광천지』에서는 가미아사마上浅間와 시모아사마下浅間로 나뉘어 기재되어 있으며 다수의 욕장이 있었다. 가미아사마에는 각지에서 온천이 용출하고 있으며 욕장은 대략 50개소, 그중 저명한 것이 14개소, 시모아사마에는 가미아사마의 온천수를 끌어온 욕장이 17개소가 있었다고 한다. 여관은 합쳐서 70채 정도로 마쓰모토松本까지 불과 약 2.2km로 교통편도 좋고 사계절 모두 온천욕을 즐기는 손님수가 굉장히 많다고 기록되어 있다.

아사마에서는 1887년 무렵에는 직·간접적으로 온천탕의 권리를 가지는 자가 전 가구의 약 70% 정도인 130채에 이르렀고, 농한기의 부업이었던 온천장도 전업이 되어 있었다. 더욱이 마쓰모토가 생사生絲 마을로 발전하게 되자 환락지로서의 색채를 더해 갔다(『마쓰모토시사[松本市史] 제2권』, 1995년). 1922년의 『요양본위 온천안내療養本位温泉案内』에는 40여 채의 온천장을 기

그림 2-3
야마카온천의 욕장(『온천안내』, 1920)

그림 2-4
아사마온천의 조감도(「신슈아사마온천안내[信州浅間温泉案内]」, 1920년대 후반 발행)

록하고 있으며 모두 여관 건물 내에 온천수를 끌어와 욕장을 설치한 실내탕內湯(우치유)을 가지고 있다고 되어 있다. [그림 2-4]에서는 1920년대 후반(쇼와 초기)의 욕장과 여관의 명칭 대부분을 확인할 수 있다.

후쿠야마 미야노시타와 후쿠야마 미야노와키

5위인 후쿠야마 미야노와키福山宮ノ脇와 9위인 후쿠야마 미야노시타福山宮ノ下는 1879년에 발견되어 욕탕이 개설된 직후이기 때문에 연간 입욕객수는 그 다음해의 데이터다. 두 개의 원천源泉은 해안에 있는 미야우라신사宮浦神社 앞의 우물에서 용출하고 있었는데, 대롱으로 욕조까지 끌어와 그것을 데워서 제공하였다. 이 지역은 항구여서 미야자키宮崎와 가고시마鹿児島에 이르는 작은 증기선이 다니고 왕래가 매우 편리하기 때문에 입욕객도 많았다고 한다. 다만 미야노시타에는 멀리서 온 손님이 10분의 1, 미야노와키에는 멀리서 온 손님이 20분의 1이라는 기록이 있는 것으로 보아 대부분이 지역 주민의 공동 욕장이었다는 것을 알 수 있다.

『전국 온천 광천에 관한 조사全国温泉鉱泉ニ関スル調査』에는 가와이다川井田 광천과 가와하타케川畑광천이 보이며, 모두 개인 경영으로 1920년을 전후한 시기의 입욕객수는 4만 4570명과 4만 4127명이었다. 이전에 비해 약간 감소하고는 있지만 지방의 탕치장으로서의 기능을 계속 유지하고 있었다는 것을 알 수 있다. 그러나 이 두 온천은 이후에 출판된 각종『온천안내』에는 거론되지 않았으며 현존하지도 않는다. 미야우라신사 주변에서 알아본 바에 의하면 피부병에 효험이 있는 온천으로 알려져 그 후로 한동안 번창했다고 한다.

시부온천

6위인 시부온천渋温泉은 『일본광천지』에 "이 고장의 욕장 중에 이 마을이 가장 번성하였다"라고 기록되어 있다. 가장 큰 오유大湯, 3군데에서 용출하는 메사키유目先湯, 도비유飛湯와 아사히유旭湯를 합친 신메사키유新目先湯, 온센지温泉寺 경내에 있는 오다키유大瀧湯와 온센지와키温泉寺脇, 수차水車에서 끌어올리는 하쓰유初湯, 그것을 끌어 쓰는 사사노유笹ノ湯, 시가지의 남쪽에서 용출하는 니시키노유錦ノ湯가 있으며 이 외에 우치유(실내탕)라고 칭하는 곳이 7개소, 여관은 32채 있었다고 한다.

　　1902년의 『피서여행안내』에도 게재되어 있으며 오유·하쓰유·사사노유·니시키노유·진메이다키유神明滝湯·나나쿠리유七操湯·메사키유·지요노유千代ノ湯·데라노유寺ノ湯·후도노유不動ノ湯·우에쿠즈노유上葛ノ湯·시모쿠즈노유下葛ノ湯·지고쿠다니노유地獄谷ノ湯 등의 욕장을 들고 있다([그림 2-5]). 1918년의 『평온온천지간平穏温泉之栞』에는 지금도 지방의 소박함을 잃지 않고 사치스러움에 물들지 않으며 가진 자의 점유가 아닌 동시에 도회인을 맞이하는 데 적합한 시설도 갖추고 있었다고 한다. 또한 시부온천의 여관은 12채로, 그중 5채는 우치유를 가지고 있었다고 기록되어 있다. 메이지 초기부터 여관수가 감소된 것은 갖추어진 여관만이 기재했기 때문이라고 여겨진다. 더욱이 같은 책에는 최근 1년간의 조사에 의한 입욕객수는 9만 5000명으로 그중 지방 사람이 2만 명, 에치고越後 3만 5000명, 도쿄 2만 명, 중앙선 방면 2만 명이라는 수치가 기록되어 있다.

무사시온천

7위인 무사시온천武蔵温泉은 다자이후大宰府 남쪽에 위치해 있다. 오랫동안 이용되어 온 무사시온천의 명칭은 후쓰카이치초二日市町의 전후 진흥 시책 속에서 1950년에 '후쓰카이치온천'으로 개칭되었다(『지쿠시노시사[筑紫野市史] 하권』, 1999년). 『일본광천지』에 따르면, 원천源泉은 무사시武蔵강江의 강바닥 14개소에서 용출하여 17개소에 욕장을 설치하고 90여 채의 인가人家에는 대체로 입욕객을 숙박시켰다고 한다. 무사시구武蔵区가 경영하는 공동 욕장으로 고젠유御前湯·야쿠시유薬師湯·가와유川湯가 있었다.

　　무사시온천이 하카타博多 교외의 온천관광지로 각광을 받게 된 것은 1889년의 후쓰카이치역의 개업이 계기가 되었다. 이후 실내탕을 설비한 여관이 줄지어 개업하였지만 난개발 탓에 온천이 저온화되어 여관끼리 다툼이 일어났다. 1895년 이후 구区가 소유한 세 개의 온천을 하카타의 상인에게 일정 기간 빌려주고 원천의 개착과 욕장의 신축을 통해 명예를 일신시켜 갔다. 야쿠시유에는 고급 여관과 사격장·당구장도 갖추어졌다(그림 2-6). 또한 같은 해에 제6사단 육군 예비병원의 지부가 이 지역에 들어와 청일전쟁에 종군한 병사 천 수백 명이 방문하였다(『무사시온천지[武蔵温泉誌]』, 1898년). 1919년의 『보양유람 신온천안내保養遊覧新温泉案内』에서 무사시온천은 하카타 사람이 피곤함을 달래기 위해 하루 머물거나, 여자 등을 데리고 놀러 가거나, 다자이후의 유적이나 덴만구天満宮를 방문하러 온 사람이 하룻밤 머무르는 온천이라고 소개되어 있다.

그림 2-5
시부온천 오유의 그림엽서

그림 2-6
무사시온천 아쿠시유의 그림엽서

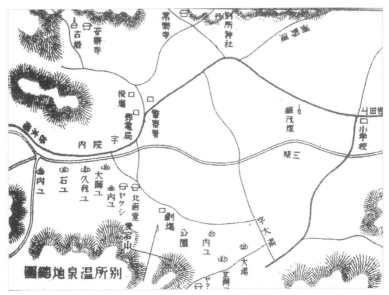

그림 2-7 벳쇼온천의 안내도(『벳쇼온천지』, 1900, 국립국회도서관 소장)

벳쇼온천

8위인 벳쇼온천別所溫泉은『일본광천지』에 인나이院內와 오유로 나뉘어 기재되어 있으며 [표 2-1]에서는 합계치를 표시하였다. 유가와湯川 남쪽을 따라 용출되는 인나이 중에 이시유石湯는 천연석의 욕조로 그 속에서 온천수가 용출되고, 구가유久我湯와 구라사와노유倉沢ノ湯는 온천장의 택지에서 나온 것을 통에 담아 욕실로 끌어왔으며, 다이시유大師湯는 원천 2개소 옆에 욕실이 설치되어 있었다. 다른 하나인 오유에는 세 개의 원천에서 끌어온 오유와 욕실의 서쪽에서 용출되는 겐사이유玄斎湯가 있었다.

　1900년의『벳쇼온천지別所溫泉誌』에는 이시유·구가유·다이시유·오유·겐사이유 다섯 개의 공동 욕장 외에 가시와야柏屋·구라사와倉沢·쓰루야鶴屋의 실내탕을 안내하고 있다(그림 2-7). 또한 공동 욕장은 누구라도 수시로 입욕이 가능하고 왕래가 편리한 장소에 30채 정도의 온천장이 모여 있었으며, 요리집·음식점이 여러 곳에 산재하고 예기藝妓도 허가되어 있어서 곳곳에 등불을 켜놓고 있다고 묘사하고 있다. 1919년의 『보양유람 신온천안내 保養遊覧新温泉案内』에는 "온천장에는 항상 입욕객이 끊이지 않았다. 물론 도쿄 주변에서 일부러 찾아오는 사람은 거의 없었다"라고 하여 지방 온천지로서 번영하고 있는 모습이 쓰여 있다.

시라이토온천

10위인 시라이토온천白絲温泉은 유노하라온천湯の原温泉 또는 야마베온천山辺温泉이라고도 불렸다. 현재는 '우쓰쿠시가하라온천美ヶ原温泉'으로 바뀌었다. 여기에는 마쓰모토의 번주藩主의 별채인 야마베 어전御殿이 있으며 1894년에 관유지가 된 구舊 어전과 온천이 임대되었다. 예전의 온천은 번의 소유로 주민은 한 개의 욕조밖에 사용할 수 없었으며 용출량도 많지 않아 충분히 이용할 수 없었지만, 관유지가 된 이후에 자유롭게 입욕할 수 있게 되었다 (『마쓰모토시사[松本市史] 제2권』, 1995년).

　『일본광천지』에는 여관이 16채 있으며, 원천 옆에 욕장 2개소를 운영하고 3개의 욕조를 만들었다고 적혀 있다. 『전국 온천 광천에 관한 조사』를 보면 온천 용출량의 절반을 5명이 빌려서 실내탕의 온천장을 운영하고 나머지 절반을 주민의 공동 욕장으로 사용하였다고 기록되어 있다. 1920년의 『온천안내』에는 스미야角屋·이즈미야和泉屋·마쓰모토松本·후루야古屋·마루나카丸中의 다섯 곳의 여관을 들고 있다.

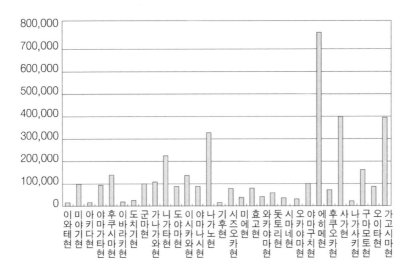

그림 2-8 1880년을 전후한 시기(메이지 초기) 각 현의 연간 입욕객수(1만 5000명 이상) (『일본광천지』 기준)

1880년대(메이지 초기)의 특징

[표 2-1]에서는 도고온천을 제외하면 규슈九州의 모든 현과 나가노현에 입욕객수 상위의 온천지가 편재해 있는 것을 알 수 있다. 또한 시가지에 비교적 가깝고 근린의 사람이 자주 이용할 수 있는 온천이 상위에 와 있는 것을 특징으로 지적할 수 있다. 그리고 「온천서열溫泉番付」에 게재되고, 효능에 의해 옛날부터 알려져 있던 온천뿐만 아니라, 앞서 언급한 후쿠야마 미야노와키·미야노시타를 비롯한 니가타新潟현의 세키야關屋, 고베神戸의 미나토야마湊山·스와야마諏訪山, 가나자와金沢의 마쓰데라松寺 등의 냉천도 포함되어 있다.

또한 『일본광천지』에 기재된 데이터를 집계해 보면 연간 입욕객수는 약 370만 명이 된다. [그림 2-8]은 1만 5000명 이상의 입욕객을 보유한 현을 표시한 것이다. 이것을 보면 동일본은 낮고 서일본은 높은 경향을 보인다는 것을 알 수 있다. 이에 대해 서일본에서는 욕장 시설을 갖추고 요금을 받았기 때문에 입욕객수의 집계가 확실하게 이루어진 데 영향을 주었을지도 모른다. 에히메愛媛현·사가佐賀현에 대해서는 1위·2위를 점한 도고道後와 다케오武雄에 의해 입욕객수가 크게 올라가 있다. 한편 도호쿠 지방에는 많은 온천지가 있지만 입욕객수는 그 정도로 많지 않다. 이것은 대부분이 근린의 농촌과 결속력이 강한 지역적인 탕치장이었기 때문이라고 사료된다.

2. 1890년대(메이지 중기)의 온천지 양상

탕치를 위하여 도보나 인력거·마차 등으로 온천에 방문해 짧게는 일주일, 길게는 한두 달 머물렀던 시기에 사람들은 온천장이나 욕장을 어떻게 이용하였을까? 다음에서는 연간 입욕자의 규모가 다른 사례를 들어 각각의 양상을 살펴보기로 하자.

유노가와온천

유노가와온천湯野川溫泉은 시모기타下北반도에 위치한다. 『일본광천지』에는 1881년과 1882년의 평균 입욕객수는 978명으로 다섯 개의 원천과 여섯 채의 농업겸업의 숙박시설이 있었다고 기록되어 있다. 이 통계가 작성된 1882년에 유노가와에 체재한 기록으로 「유욕일기遊浴日記」가 있다. 필자인 쓰다 에사쿠津田永佐久는 아이즈會津번 무사의 자식으로 1849년에 태어나 1884년부터는 아오모리青森현의 의원을 역임하고 1889년에는 가와우치무라川內村의 초대 촌장이 된 인물이다(『아오모리현사青森県史』 자료편 근현대1』, 2002년).
쓰다의 스케치에는 강을 따라 가와하라노유河原ノ湯・무코노유向ノ湯・시모노
유下ノ湯・야쿠시노유薬師ノ湯・신유新湯의 간소한 욕장이 그려져 있다.

쓰다는 1882년 4월 24일에 가와우치에서 약 16km 떨어진 유노가와
온천에 도보로 향하여 5월 15일까지 3주간 체재하였다. 이것이 첫 유노가와
행이었으며 동행자는 어머니와 딸이었다. 유노가와에 도착한 쓰다는 데라
지마 가쓰사부로寺島勝三郎에 숙박해 바로 여장을 풀고 입욕하려고 하였는
데, 여기서 바가지로 머리에 온천수를 끼얹는 가부리유かぶり湯라는 풍습이
문제가 된다. 이날의 입욕 양상을 요약하면 다음과 같다.

사전에 의사에게 상담하였을 때 입욕은 하루에 2~3회 정도, 가부리유는 반드시
할 필요는 없다고 하였다. 하지만 욕장에 있던 두세 명의 노파가 이르길, 이
온천수는 황송하게도 약사여래가 하사하신 것으로 가부리유는 신의 가르침과
다름없어서 대충 흘려들으면 안 되고 만약 중요시하지 않으면 좋지 않은 일이
생긴다고 구구절절하게 말한다. 그 고장의 습관을 무조건 배척하는 것도 좋지
않다. 잠시 팔짱을 끼어 침묵하고 주저하며 마음이 안정되지 않았으나, '로마에
가면 로마법을 따르라'라고 하듯이 토지의 관례에는 일리가 있기 때문에 가부
리유를 하는 것을 승낙하였다. 이날의 입욕은 2회로, 1회에 가부리유 300회를
한다. 옆의 입욕자를 보니 바닥에 떨어진 온천수가 옆 사람 얼굴을 때리고 횟수
를 세는 목소리가 귀를 찌르는 듯하여 굉장히 혐오스러운 기분인 것 같다.

이렇듯 그 지역의 풍습에 많이 망설이면서도 다음날부터는 하루 5회
전후로 입욕하고 전후로 8일간은 1회마다 가부리유 300회, 중간 13일은
가부리유를 500회에서 700회 하였다. 당초에는 가부리유라는 욕법浴法에

의심을 가졌던 쓰다였으나, 이후 몸에 확실한 효험은 볼 수 없으나 머리가 가볍고 정신이 맑아지는 것을 느꼈다고 평가해 놓았다. 가부리유 그 자체는 구사쓰온천이나 나스온천과 같이 고온의 온천에서 뇌빈혈을 막기 위해 행하는데, 여기서는 약사신앙에 의한 행위로서 온천수를 끼얹는 횟수가 많을수록 효험이 있다고 믿었던 것이다.

이 지역은 깊은 산골로 사람들의 왕래가 적고, [그림 2-9]처럼 욕장은 좁았으며 남녀 혼욕이었다. 「유욕일기」에 여관의 구조에 관한 기술은 없으나 그다지 좋지 않은 여관이었을 것이다.

시마온천

시마온천四万溫泉은 군마群馬현 북서부의 산간지에 위치하고 있다. 1880년 대까지의 시마온천의 연간 입욕객은 4133명으로 야마구치山口 지역에 욕실 5개소·증기탕 2개소·여관 2채, 신유新湯 지역에 욕실 6개소·증기탕 3개소·여관 3채, 히나타미日向見 지역에 욕실 1개소·여관 2채가 있었다.

시마온천에서 체재할 시에는 부식을 자신이 조리하는 것을 원칙으로 하였다. 여관에 지불하는 것은 입욕료·대실료·침구료·일반 식비로, 식대는 주식뿐이었다. 이러한 시스템은 각지에서도 일반적으로 볼 수 있었다. 또한 여관에서 제공되는 일용품은 쌀·된장·장작·숯 등으로 이외의 음식물 등은 음식점에 주문을 하거나 쓰보마와리坪廻り라 불리던 행상인에게서 입수하였다(『시마온천사[四万溫泉史]』, 1977년). [표 2-2]는 시마온천장조합에 의해 정해진 요금표의 일부를 나타낸 것이다. 이것을 바탕으로 각 여관에서는 입욕료·대실료·식대 등을 기록하고 손님에게 대금을 청구하였다.

시마에서는 1888년에 제정된 단속 규칙에서 남녀 혼욕을 금지하고 욕

표 2-2 1890년대(메이지 중기)의 시마온천의 가격표(단위: 전[錢])

장소	신유(新湯)	야마구치(山口)	히나타미(日向見)
1인 1일 입욕요금	1.0	0.8	0.4

	식사제공숙식	점심요금
상등	30	15
중등	25	10
하등	17~20	5~7

	객실요금		잠옷	이불
	1주간 대여료	1인 1일	1일 한 벌	1일 1장
특등	250		6.0	4.0
1등	100~150	7.2	3.0~5.0	2.3~3.0
2등	80~120	5.7	2.5~4.0	1.8
3등	60~80	4.2	2.0~3.0	1.5
4등		3.5	1.6	1.3
5등		2.5		1.0

기타 잡품 가격							
장작 (1다발)	1.2	간장 (1되)	28.0	추어탕 (1인분)	9.0	취사료 (1주간)	10.0
숯 (0.5근)	0.5	토속주 (1되)	18.0~20.0	계란찜 (1개)	6.0	된장 (0.5근)	2.5
욕실용 나막신 (1족)	2.5	소주 (대 1병)	36.0	나라즈케 (0.5근)	16.0	장어덮밥 (1인분)	12.0
백미 (1되)	7.5	초밥 (1찬합)	5.0	두부 (1모)	1.0		

『시마온천사(西万溫泉史)』에서 작성

실에 남녀의 구별을 두어 그것을 명기할 것을 정하고 있다. 또한 가와하라川原
의 욕탕 등의 일부 공동 욕장을 제외하고 욕실은 온천의 권리를 가지는 여관
으로 점차 흡수되어 갔지만, 자신이 숙박하고 있는 여관뿐만 아니라 여러
여관의 욕실을 이용하는 것이 가능했다(초출「시마온천의 조감도를 읽다[四万溫泉の鳥
瞰図を読む」, 2004년). 입욕료는 여관이 조합에 납입하기 때문에, 어떤 손님이라

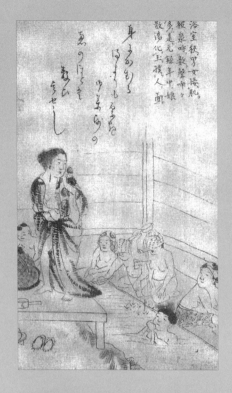

그림 2-9
유노가와온천에서 가부리유를 하는
사람들(쓰다 에사쿠, 「유욕일기」,
『아오모리현사 자료편 근현대1』)

그림 2-10
기노사키온천의 그림엽서
(이치노유[一の湯]·니노유[二の湯])

도 입욕료를 지불하면 다른 여관의 욕실에 들어갈 수 있었으며, 여관도 서로의 욕탕을 개방하였다. 이 시스템은 1박하는 손님이 증가하는 2차 세계대전이 끝날 때까지 계속되었다.

기노사키온천

기노사키온천城崎温泉은 『일본광천지』에는 '유시마湯島'로 기록되어 있으며 입욕객은 1만 2696명이었다. 기노사키온천에는 독자적인 시스템이 있었다. 1893년의 『다지마 기노사키 유시마온천 안내기但馬城崎湯島温泉案内記』에 게재된 객사업客舍業 규칙의 개요는 다음과 같이 정리된다.

> 유시마에서 객사를 운영하는 것은 50채 정도이며 업자들 사이의 규칙은 매우 엄격하다. 업자들 중에 감독관이 있어서 모든 일을 단속하고 마을 입구에 업자 대표의 출장소를 설치하고 거기서 내욕객은 주소를 기록하고 친척이나 아는 사람을 지정하면 그 객사로 안내한다. 그렇지 않은 경우에는 상응하는 여관을 선정해 안내한다. 만약 무리하게 혼자서 여관에 가더라도 여관이 거절하기 때문에 안내에 따라야만 한다. 여관에 사정이 있으면 감독관이 다른 여관으로 바꾸어 준다. 단 1박만 하는 손님은 이 규칙과 관계없다. 이 규칙은 자유를 침해하는 것 같지만, 사람이 많아 붐비고 모두 오래 머물기 때문에 재난이 있을 때에 효율적으로 대처하기 위함이다.
>
> 여관의 음식은 아침에는 엽차를 부은 밥, 점심은 국과 반찬 하나씩이다. 단 1박만 하는 손님은 도시락으로 대접한다. 이렇게 함으로써 여관은 수고를 덜어 실수를 적게 하고, 손님은 비용을 절약해 장기간 체류할 수 있게 된다. 만약 돈을 아끼지 않는다면 여관에 부탁해 요리를 주문하거나 음식점에 부탁

하면 된다. 이불이나 모기장은 여관에서 빌려준다. 방은 한 팀에 하나씩 빌려주며 여러 사람이 함께 쓰게 하지는 않는다. 쌀·숯·기름·간장·술·차 등은 여관의 곡물상이 지참하기 때문에 필요한 것은 요구하면 된다. 비용은 수첩에 기록해 둔다.

이렇게 손님을 여관까지 안내하는 독자적인 시스템은 1905년의『기노사키온천 안내기城崎温泉案内記』에서도 확인할 수 있지만, 일부를 요약하면 약간 변화된 모습을 볼 수 있다.

여관업 규칙에 공동적으로 잘 따르는 것은 여관이 전업이 아니었을 때의 유풍이 있기 때문이다. 여관조합에 의해 입욕객 안내소를 마을 입구에 설치하고 지명한 여관으로 안내한다. 이는 사람이 많이 몰리기 때문에 실수가 없도록 미리 준비해 두고, 처음 내욕한 손님의 편의를 돕기 위해서다. 여관이 불친절할 때는 말만 하면 편의를 봐준다.
여관비는 염가로서 음식은 모두 주문받아 제공하는 형식이다. 아침은 엽차를 부어 먹는 밥, 오후는 국과 반찬 하나씩이다. 단 1, 2박 하는 손님은 도시락으로 대접한다. 이 규칙은 불편할 것 같지만 대우를 간소하게 하여 비용이 적고 장기간의 체류에는 알맞다. 만약 금전을 아끼지 않는 사람이라면 원하는 대로 음식점에 주문하면 된다.

이상과 같이 기노사키의 모든 여관이 그날 얼마만큼 밥을 지을지 손님에게 물어보고 쌀을 받아서 밥을 하는 방식을 취하고 있었다. 그 후 1913년의『기노사키온천지城崎温泉誌』에는, 예전에는 주로 주문을 받아 제공하는 형식을 취했지만 지금은 교통편과 함께 단기 손님이 증가하여 도시락을

표 2-3 온천별로 본 아타미온천여관의 등급

	1890		1897	
	오유(大湯)	그 외	오유(大湯)	그 외
1등	4	0	5	0
2등	3	1	3	1
3등	1	1	0	1
4등	3	2	4	5
5등	1	9	0	7
6등	-	-	0	3
계	12	13	12	17

『아타미광천지』·『아타미긴노(熱海錦囊)』를 기준으로

주로 제공하게 되어, 이 사이 체재 시스템에 변화가 생긴 것을 알 수 있다. 또한 각 여관은 서로 신의를 중시하고 공동일치해 편의를 도모했기 때문에 각지에서 보이는 것처럼 경쟁의 결과로 생기는 폐해는 없었다고 한다.

기노사키의 경우 다음 장에서 서술하듯이 2차 세계대전까지 실내탕을 인정하지 않았기 때문에 체재객은 6개의 공동 욕장에 매일 다녔다(그림 2-10). 1890년대에는 욕탕은 '이리코미入込', '마쿠유幕湯', '기리마쿠切幕'로 구별되어 있었다(『정정증보 다지마 기노사키온천 안내기訂正增補 但馬城崎温泉案内記』, 1895년). '이리코미'는 혼욕이다. '마쿠유'는 포럼을 쳐서 욕탕을 나누어 탕녀湯女가 수발을 드는 것으로 1일 3회 행하였다. '기리마쿠'는 혼자서 욕탕을 대절하는 것으로 1일 2회 행하고, 그동안은 다른 사람을 들여보내지 않았다. 남녀의 욕실을 구분하는 개량이 진행된 것은 1900년대(메이지 30년대)다.

아타미온천

1880년대의 아타미의 연간 입욕객수는 3만 4368명으로 오유를 비롯한 30개 가까운 원천이 기록되어 있다. 예전에는 오유를 끌어와 욕실을 만들고 손님을 머물게 하는 것을 여관이라고 칭하고 그렇지 않으면 내욕객을 머물게 하는 것을 금하였다. 1890년의 『아타미광천지熱海鑛泉誌』에는 욕실을 갖춘 25채의 온천장이 소개되고, 이 외에 여인숙이라 칭하는 곳이 13채 있다고 기록하고 있다. 여인숙의 손님은 가와하라유川原湯 등의 공동 욕장을 이용하였다. [표 2-3]에 나타낸 등급은 온천 단속소가 정한 것으로, 징수된 온천료는 적립되어 도로 수리 등의 공공비용에 사용되었다. 1891년의 『아타미온천안내熱海溫泉案內』에 기재된 체재 시스템을 정리하면 다음과 같다.

온천장에 체재하는 동안은 방·침구·식기 등은 숙소에서 빌려주지만 식사 준비는 손님 취향에 맡긴다. 첫 번째 방법은 '지마카나이(自賄)'라고 하여 손님 스스로 음식을 조리하거나 하녀를 고용해 준비하는 것이다. 하녀를 고용할 때는 음식을 주고 일주일간 30전의 급료를 지불한다. 하녀는 매일 아침 와서 저녁까지 친절하게 모든 일을 한다. 두 번째 방법은 '우카가이(伺い)'라고 하여 객사에서 매번 조리할 음식을 손님에게 물어보고 준비하는 것이다. 음식을 가리는 사람이나 몸에 맞지 않는 음식이 있는 사람은 비용과 수고를 끼칠 수 있지만 이 두 가지 중에서 골라야 한다. 요리에 필요한 것을 자기가 밖에서 구입해야 하지만 귀찮은 사람은 객사에 준비된 것을 이용하면 된다. 세 번째 방법은 '야도마카나이(宿賄い)'라고 하여 하루의 음식료를 정해 객사에서 알아서 음식을 준비하는 것이다. 이에 의하면 대실료·침구료·온천료·숯·기름값 세 번의 식사도 모두 객사에서 대접한다.

이처럼 설비가 갖추어진 아타미의 온천여관에서도 자취가 가능했다. 그 온천여관은 오유를 중심으로 발달하고 온천 보호의 견지에서도 그 온천수를 끌어 쓰는 권리를 가지는 여관이 독점적인 지배를 계속하고 있었다.

그림 2-11 아타미온천의 오유 주변의 경관
(만야 헤이지로[萬屋平次郎], 「황국 제일의 온천 이즈 아타미전도」, 1888)

[그림 2-11]에는 온천수가 천연 분출하는 오유의 근처에 후지야富土屋(그림에
서는 '藤屋'로 표기)・사가미야相模屋・신세이샤真誠社 등의 1등 온천여관이 보인다.
오유 옆의 규키칸噏滊館은 근대 초기의 저명한 정치가 이와쿠라 도모미岩倉具視
의 치료를 위해 계획된 요양센터로, 개업은 1885년이다. 오유가 분출할 때마
다 증기를 끌어와 그것을 흡입하는 장치가 설치되어 있다. [그림 2-11]의
하부에는 서양식의 히구치樋口호텔 건물도 그려져 있다. 또한 1897년「요미
우리読売신문」에 오자키 고요尾崎紅葉의 『곤지키야샤金色夜叉』의 연재가 시작
되고, 이것이 베스트셀러가 되어 아타미의 지명도가 크게 높아진다.

칼럼2 - 온천지 조감도

최근 조감도에 대한 관심이 높다. 그것은 지도에서는 느끼기 어려운 파노라마를 즐길 수 있는 즐거움을 얻을 수 있기 때문일 것이다. 그중에서도 1910년대부터 1940년대까지 활약한 요시다 하쓰사부로(吉田初三郎)의 작품이 잘 알려져 있다(『별책태양 다이쇼·쇼와의 조감도 화가 요시다 하쓰사부로의 파노라마 지도[別冊太陽 大正·昭和の鳥瞰図絵師 吉田初三郎のパノラマ地図]』, 2002년). 이러한 풍경화와 지도가 융합한 조감도는 18세기부터 19세기에 걸친 스케일을 중시한 지도 제작 기술의 진전을 배경으로, 서양화의 원근법을 도입하여 그리게 되었다. 거기에는 단일 시점에서 본 투시도법에 의한 표현뿐 아니라, 가공의 복수의 시점을 설정해 넓은 공간의 지지적(地誌的) 사실을 공평하게 전하도록 고안되어 있다. 즉 화가들은 지지적 정보를 아름답고 즐거운 형태로 제공하려고 하였던 것이다(야모리 가즈히코[矢守一彦], 『고지도와 풍경[古地図と風景]』, 1984년).

조감도는 보면서 즐기는 지리적인 위치와 그 장소의 경관을 시각적으로 전달해 준다. 하지만 조감도는 현실의 경관을 전부 옮긴 것은 아니다. 조감도에 묘사되어 있는 것은 화가나 제작자에 의해 선택된 것이다. 거기에는 어떠한 의도가 담겨져 있었던 것일까.

온천지 조감도의 경우 특산물로 판매되었으며 기념품이 됨과 동시에 온천의 안내와 선전을 겸한 것이었다. 각지에서 조감도를 확인할 수 있는데, 특히 출판수가 많은 것은 아타미온천과 구사쓰온천의 조감도다. 이들 조감도의 대부분에는 그 주변 부분에 온천 분석표·효능·교통 등의 정보가 게재되어 있다. 조감도의 묘사 내용을 보면 아타미에서는 1880년대의 조감도에서도 온천장이 문자 주기로 표시되어 있는데, 구사쓰에서 그것이 표시된 것은 1900년대에 접어들어서다. 그 이전은 20개 가까이 있는 공동 욕탕과 사찰·산·명소에 문자 주기만 있었을 뿐이었다(「칼럼1」의 [그림 1-16] 참조). 이것은 구사쓰에서 그 정도로 높았던 공동 욕장의 지위를 반영하는 것이다.

[그림 2-12]의 발행자인 야마다 지에몬(山田治衛門)은 이 그림만이 아닌 1907년에 이카호·나스·시오하라, 1909년에 구사쓰, 1910년에 시마온천의 조감도를 간행하였다. 그 주소는 '도쿄시 간다구 스에히로초(東京市神田区末広町)'로 되어

있으며 도쿄의 업자에 의해 각지의 그림이 작성되어 있는 것을 알 수 있다. 한편 [그림 2-13]의 화가 겸 발행자인 하기와라 슈스이(萩原秋水)는 나카노조(中之条)라는 곳에서 아즈마(吾妻)인쇄주식회사를 창립한 인물로 구사쓰의 안내서와 시마의 조감도를 그렸다.

[그림 2-12]를 보면 유바다케(湯畑)³의 주변에는 3층으로 된 여관들이 있으며 시로하타노유(白旗の湯)·네쓰노유(熱の湯)·갓케노유(脚気の湯)·와타노유(綿の湯)·마쓰노유(松の湯)·오다키노유(大滝の湯) 등의 욕장이 집중해 있는 것을 알 수 있다. 이 가운데 깃발이 세워져 있는 시로하타노유·네쓰노유·마쓰노유에서는 시간제로 입욕이 이루어졌다(「칼럼1」의 [그림 1-15] 참조). 또한 우편전신국에서는 전신선이 길게 늘어져 있으며 마차의 도상도 확인할 수 있다. 구사쓰에서 전신을 취급하기 시작한 것은 1892년으로, 이 무렵 마차의 통행도 시작되었다(『구사쓰초사[草津町史]』, 1928년).

[그림 2-13]에서는 유바다케에 접해 있던 갓케노유와 와타노유의 욕장이 보이지 않게 되었다. 이것은 실내탕을 갖춘 여관이 증가하여 유바다케 주변에 시간제 이외의 일반 공동 욕장의 수요가 줄어들었기 때문이라 생각된다. 그리고 온천가에는 전선이 둘러쳐져 있는 것을 알 수 있다. 구사쓰에 전등이 켜진 것은 구사쓰수력전기주식회사가 개업한 1919년으로 그때까지 사용되었던 램프는 창고 구석으로 향하든지 농촌으로 보내졌다(『구사쓰초사』, 1928년). 또 하나 주목하고 싶은 것은 자동차 그림이다. 1919년에 구사쓰경편철도가 군마현 서단부에 위치한 쓰마고이(嬬恋) 지역까지 개통되고, 구사쓰로 들어가는 도로가 보수되자 쓰마고이·구사쓰 간의 자동차 영업은 큰 활황을 맞이하였다.

이처럼 여관·공동 욕장·사찰·공공시설 등의 건물뿐만 아니라, 마차·자동차와 전선망 등의 근대화를 상징하는 그림이 조감도 속에 그려져 있다. 이러한 묘사는 구사쓰의 다른 조감도나 타 지역의 그림에서도 확인할 수 있다. 요즘에는 전선·전신주는 경관을 방해하는 요인으로 취급되는 경우가 많은데, 오히려 당시는 전등 도입의 상징으로 적극적으로 그려졌으리라 생각된다.

앞에서 게재한 두 그림에서는 건물의 묘사가 유형적이었는데, 다음에서는 온천가를 정밀하게 그린 조감도를 예로 들어보자. [그림 2-14]의 저자 겸 발행자는 아타미온천장단속소다. 초판은 1914년, 이 4판에서는 아타미노선(후의 도카이도 본선[東海道本線])의 아타미정차장이 그림 가운데에 그려져 있다. 부도(付圖)의 교통 약도에서는 개업 구간은 가나가와(神奈川)현의 남서부에 위치한 마나즈루(真鶴)까지로 그 앞은 공사 중이라고 명기되어 있으며 조감도 속에서만 1925년에 개업된 아타미역을 먼저 그리고 있다.

그림 2-12
1900년대(메이지 후기) 구사쓰온천의 중심부
(야마다 지에몬·이치다야 쓰네키치[一田屋常
吉],「조슈구사쓰온천장 약도[上州草津温泉場
略図]」, 1905년)

그림 2-13
1920년경(다이쇼기) 구사쓰온천 중심부
(하기와라 슈스이[萩原秋水],「조슈구사쓰온
천장 진경도[上州草津温泉真景図]」, 1920)

그림 2-14
1920년경(다이쇼기) 아타미온천 중심부
(아타미온천장단속소,「정정 이즈아타미온
천 전경 4판[訂正 伊豆熱海温泉場全景 四版]」,
1923년)

❚ 왼쪽에서부터 시계방향으로

[그림 2-14]에는 오유 주변 부분을 표시하였다. 오유의 간헐천은 아타미온천의 상징이라고 할 수 있는 존재이며, 1일 6회 정도 뜨거운 온천수와 증기를 분출하였다. 그림 가운데에서도 증기가 크게 그려져 있다. 그런데 1900년경(메이지 30년대)에 접어들어 원천의 신규 굴착이 진행되면서 오유의 분출이 계속해서 감소하자, 오유의 권리를 가지는 여관업자와 원천 개발을 바라는 업자 사이에 분쟁이 일어났다. 당초는 오유파의 주장에 의해 새로 굴착된 원천의 매립도 이루어졌지만 예전과 같은 오유의 용출량은 회복되지 않았다. 그 때문에 1923년 이후는 시즈오카현도 신규 굴착을 인정해 가는 방침으로 바뀌었다(『아타미시사[熱海市史] 하권』, 1968년). 따라서 이 조감도는 오유 중심 체제가 무너지고 아타미역 개업과 함께 여관수의 규모가 급속하게 확대해 가기 직전의 모습을 그린 것이라 할 수 있다.

오유 옆에는 욕장·규키칸·오락장·도서실이 설치되어 있는 것을 알 수 있다. 이 외에 문자 표기는 여관·상점·의원·우체국·마을 사무소·은행·사찰·별장 등이 있으며 그중에서도 별장의 수가 눈에 띈다. 이것은 간헐천의 오른쪽 위에 보이는 마쓰가타 마사요시(松方正義)와 같은 정치가를 비롯한 군인·실업가 등의 별장의 존재가 아타미의 이미지 상승으로 이어졌다고 판단했기 때문일 것이다. 이후 별장지 개발이 현저하게 이루어져 1921년의 91채에서 1935년에 530채로 급증하게 된다(『아타미 역사연표[熱海歴史年表]』, 1997년).

3 유바다케(湯畑)는 온천의 원천을 지표면이나 목재로 만든 통에 흘러보내, 온천의 성분이 침전해 생기는 부산물(유노하나)을 채취하거나 온도를 조절하는 시설을 말한다.

3장
온천여행의 대중화

철도의 발달로 인해 사람들이 안전하고 빠르게 이동할 수 있게 되자, 온천은 관광여행의 숙박거점으로서 급속도로 발전한다. 이장에서는 1920년대 전후(다이쇼기)에 걸쳐 철도여행이 일반화되어 가는 양상과 온천지의 변화를 살펴보고자 한다.

1. 철도여행의 보급

철도망과 여객수송량

철도의 부설은 1892년의 신바시新橋·요코하마橫浜간의 개업으로 시작 1889년에 신바시·고베神戸간, 1891년에 우에노上野·아오모리青森, 1896년에 모지門司·야쓰시로八代간, 1901년에 고베·시모노세키下関간이 각각 전선 개통되었다. 게다가 메이지 후기(1910년대)에 걸쳐 전국적인 철도망이 형성되어 간다.

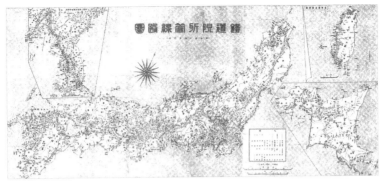

그림 3-1 1911년의 철도노선도(철도원 편, 『철도원연해도유람지안내』의 부도)

　　[그림 3-1]은 1911년의 「철도원소관선로도鉄道院所管線路図」다. 본래의
그림에서는 철도원기설선鉄道院既設線이 붉은색으로, 원외선院外線이 검은색
으로 표시되어 있고, 이외에 원선미성선院線未成線・원선항로院線航路・사선연
대항로私船連帯航路・국도 등이 그려져 있다. 게재된 그림에는 크게 축소되어
있어 세부까지 읽을 수 없지만, 홋카이도北海道에서는 루모이留萌・나요로名寄
・리쿠베쓰陸別・아바시리網走・규슈九州에서는 나가사키長崎・니시오이타西大
分・가고시마鹿児島의 각 역까지 설치되어 있다. 이 시점에서는 홋카이도의
북부나 동부, 동북의 일본 해안, 기이紀伊반도 남부, 산인山陰 서부, 시코쿠
남부, 규슈 동부 등이 철도의 공백 구역으로 되어 있다. 다른 곳을 보면,
도쿄・한신・기타큐슈를 중심으로 한 지역에서는 철도망의 밀도가 높다.
덧붙여 이 지도에는 현의 경계가 아닌 국경이 그려져 있으며, 옛 지명이
쓰였다. 교육용 지도가 아니므로 이 여행 안내도에서는 오히려 옛 지명
쪽이 독자에게 더 친숙할 것이라고 판단해서일 것이다.

　　[그림 3-2]에서 알 수 있듯이 1890년대(메이지 중기)에는 정부의 건설자금
부족으로 민영철도의 영업구간쪽 수송량이 더 크며 노선의 신장 속도도

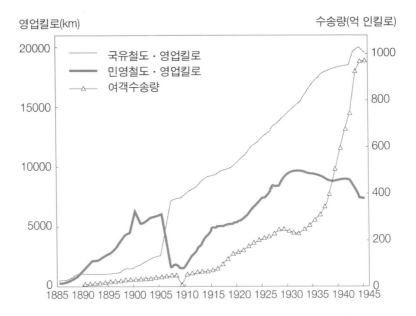

영업킬로(km)   수송량(억 인킬로)

그림 3-2 철도의 영업킬로와 여객수송량의 추이
1909년의 여객수송량의 데이터는 빠져 있음(『일본장기통계총람』 제2권에서 작성)

빨랐다. 그 후, 1906년에 철도국유법이 공표되어 전국 간선철도의 통일을
위해 주요한 민영철도가 국유화되었다. 그 이후의 각 지역의 민영철도는
국지적인 교통기관으로서의 역할을 맡게 되었지만, 세계 경제의 어려움에
영향을 받아 일본도 불황에 빠졌고, 자동차 수송의 발달로 철도 경영은 악화
되었다. 민영철도의 영업구간은 전시체제 아래 20여 개 회사가 국유가 된
적도 있고, 1932년을 정점으로 감소하였다. 그에 비해 국유철도는 거리를
늘리고, 1944년에는 2만km에 달하였다.

이처럼 장거리 운송을 맡은 간선노선은 국유철도로서 정비·경영되었
지만, 영업구간에 비해 여객수송량의 증가는 조금 늦어지고 있었다. 여객
수송량은 1915년에는 68억 인킬로였지만, 1920년에 147억, 1922년에 209

억, 1929년에 249억으로 증가하였다. 1차 세계대전이 가져온 호경기를 등에 업고 쇼와공황 전까지가 여객수송량 증가의 하나의 계기가 되었으며 철도에 의한 인구 이동이 보급된 시기라 할 수 있다.

기차 이용의 마음가짐

철도원에 의해 『철도원노선의 유람지안내鉄道院線沿道遊覧地案内』가 출판되기 이전에도 여러 가지 『만유안내漫遊案内』나 『여행안내旅行案内』의 존재를 확인할 수 있다. 이러한 출판물이 눈에 띄게 된 것은 1900년대였다. 고이마코토五井信는 이 시대 여행의 특징을 가이드북을 가지고 나가, 각지에서 여러 가지를 배우는 독자/여행객의 모습에서 볼 수 있다고 하였다(「책을 들고 여행을 떠나재書を持て, 旅に出よう」, 2000년).

가네오분엔도金尾文淵堂에서 1901년에 발행한 『피서만유여행안내避暑漫遊旅行案内』에서도 기차 안이나 여관에 도착해 심심하지 않도록 서적을 준비해 놓고, 여행을 함과 동시에 공부하는 것을 권장하며 입욕과 식사를 끝내면 마을을 산책하고 돌아와 일기를 쓰는 순서로 하는 것이 좋다고 서술하고 있다. 그리고 국가가 강하게 번창하기 전에는 여행 사상의 고조가 있었음을 지적하고, 서구 제국에서는 '위로는 왕후의 고귀함에서부터 아래는 농부의 천함에 이르기까지' 어딘가로 여행하여 정신을 위로 신체를 튼튼하게 하는 것과 동시에 새로운 지식을 얻는 것에 힘쓰고 있다고 말하고 있다.

이 책의 서두에는 '기차 승객'이라는 제목을 붙인 한 문구가 게재되어 있다(원문은 「고쿠민신문」 소재).

1899년도의 승객 총수는 1억 226만 명으로 인구의 2배로 조사되었다. 그러면

철도 생활은 이미 우리 국민 생활의 일부분을 차지하고 있는 것은 당연하다. 구체적으로 말하면 다소의 차이가 있다고 하더라도 누구든 일 년 혹은 일생의 몇 시간을 기차여행으로 보내는 것이다.

이렇게 기차여행은 생활의 일부가 되어 가고 있다고 말하며, 편리하고, 유쾌하고, 고상하게 지내기 위한 제안을 하고 있다. 우선은 표를 사서 플랫폼에 가기까지의 혼잡을 지적하며 승객 상호 간에 질서를 지켜야 한다는 것을 설명한다. 또한 좌석을 점거하거나, 담뱃재를 타인의 옷에 떨어뜨리거나, 큰소리로 음담패설을 하는 등 기차 안에서 타인에게 폐가 되는 행동이 빈번함을 한탄하며, 예의 바르고 행실을 올바르게 하고, 서로의 입장을 생각하도록 요구하고 있다.

분에이도文淵堂 편집국이 펴낸 「여행의 추천旅行の勧め」에서는 지금은 어디를 가더라도 번거롭지 않은 기차와 기선이며, 우선 이것에 관한 주의가 필요하다고 말한다. 요점을 정리하면, ① 승차 시간에 늦지 않도록 시계를 정확히 맞출 것, ② 표 요금을 잘 준비할 것, ③ 확실히 정차하지 않은 기차에 타지 않을 것, ④ 너무나 태평하게 있다가 열차 좌석이 없어서 당황하는 일이 없도록 조심할 것, ⑤ 운전 중에 오르내리거나 승강구를 열지 않도록 할 것, ⑥ 표 없이 승차하면 할증요금을 내게 되는 것, ⑦ 정차장 이외인 곳에 정차하고 있을 때 하차하지 않을 것, ⑧ 사용 전인 표는 환불이 가능하다는 것, ⑨ 열차의 지연으로 갈아타지 못했을 때의 대처, ⑩ 수화물 의뢰는 출발하기 5분 전까지 신청할 것의 10가지다. 상식이라 생각되는 주의점을 열거하고 있는 것 자체가 1900년대(메이지 30년)까지 철도여행이 아직 일부 한정된 사람만 이용했다는 것을 보여준다.

보양여행과 건강 증진

1차 세계대전 후, 일본 정부는 보건위생에 관한 시책을 급속하게 시행하고 있었다. 서양과 비교해 일본인의 체격이 나쁘다는 점과 사망률이 높은 점이 지적되어, 서양과 경쟁해 가는 일본에게 있어서 건강·체육의 개선이 긴급 과제로 다루어지고 있었다(구로다 이사무[黒田勇], 『라디오 체조의 탄생[ラジオ体操の誕生]』, 1999년). 또한 체육 진흥의 그늘에는 국가 위생 시스템의 구축, 그리고 군사적 인 강국으로의 의도가 엿보이며, 1차 세계대전 후의 군축을 계기로 다음의 전쟁을 대비하여 체력과 정신의 발양發揚에 관심이 집중되었다고 한다(오노 요시로[小野芳郎], 『'청결'의 근대』, 1997년). 이러한 논조를 여행과 관련지어 전개하고 있는 예로서, 1922년의 야구계野球界 증간호 『일본전국피서여행안내』의 서문이 있다.

> 국민의 체력 향상, 국민정신의 미적 도야(陶冶)의 목적을 관철하는 하나의 방법 은 국민에게 여행 취미를 고취하는 것에 있다. 유럽과 미국인은 약간의 여가를 이용해 한 가족이 모여 소풍을 가거나 여행도 한다. 우리 국민도 유럽, 미국인처 럼 약간의 여가를 이용해서, 한 가족이 모여 유쾌한 소풍을 가거나, 즐거운 여행 을 시도해 보아야 한다.
>
> 여행은 체력을 상향시키며 동시에 정신을 미적으로 도야하고 지식을 넓히는 효 과가 있다. 사회생활이 복잡하면 할수록 정신에 위안을 주는 여유를 강구하지 않으면 안 된다. 여행을 하고, 산천 자연의 풍경을 접하는 것만큼 정신에 위안을 주는 것은 없을 것이다. 세상이 문명적으로 발달하면 할수록 보양적인 여행이 필요해진다(요코이 가쿠조(横井鶴城), 「최신 여행의 마음가짐」).

이 책에서는 교토京都·가마쿠라鎌倉 등의 유적과 자연의 경치가 좋은 지역, 해수욕장, 온천지 등이 안내되어 있으며, 서문에서는 유럽이나 미국을 모델로 하는 가족여행을 장려하고 있다. 기차 이용에 대해서도 삼등석은 항상 만원이므로 가족이 흩어져서 승차하는 것을 피하기 위해서는 이등석을 이용해야 한다고 말한다.

이 시기의 도시 인구는 급속도로 증가하고 있었으며, 역병이 만연하고, 대기오염, 수질오염 등의 문제가 계속 드러났다. 비위생적인 도시를 떠나 체력의 향상과 정신의 위안을 도모하기 위해 가족이 모여 자연을 접하는 보양여행의 필요성을 역설하고 있었던 것이다.

1장에서 서술한 것처럼 1910년대부터 1920년대 중반(다이쇼기)까지의 시기에는 전국의 온천지를 한 권에 정리한 대중적인 가이드북이 많이 출판되었다. 그 책들의 타이틀 중 많은 수가 '보양유람'이었고, 이 같은 정보를 기초로 보양과 유람여행의 목적지로서, 특히 여름에는 피서를 겸하여 온천을 방문하는 사람이 증가하게 된다.

2. 1910년대부터 1920년대 중반(다이쇼기)까지의 입욕객수 랭킹

입욕객의 규모

본 장에서는 1923년의 『전국 온천 광천에 대한 조사』를 통해 1920년대 중반(다이쇼기)까지의 입욕객수의 변화를 알아보고자 한다. 이 보고서에는 전국 946개소의 온천이 기재되어 있으며, 입욕객수는 1911년부터 1920년까지의 10년간의 평균이 나와 있다. 단, 신설된 것은 1년 또는 수년의 수치다. 또한

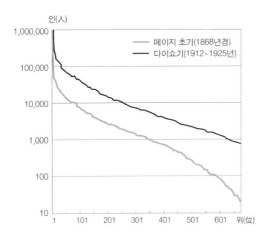

인(人)

그림 3-3 연간 입욕객수의 순위 규모의 변화
(『일본광천지』·『전국 온천 광천에 관한 조사』 참조)

일부에서 1920년부터 10년간이라는 내용을 볼 수 있지만, 간행년도를 생각해 보면 이것은 분명 잘못된 기록이다. 1910년대부터 1920년대 중반(다이쇼기)까지의 연간 입욕객의 전국 합계는 1681만 명으로, 1880년대(메이지 초기)의 370만 명과 비교하면 4.5배가 되었다. 따라서 우선 전국의 온천지 입욕객수가 어떻게 변화했는가를 [그림 3-3]을 통해 살펴보기로 하자.

이 그림은 각지의 온천지를 입욕객수가 많은 순으로 나열하고, 종축을 대수対数로 해서 나타낸 것이다. 연간 10만 명 이상의 온천지는 1880년대(메이지 초기)의 두 곳에서 31곳, 1만 명 이상은 82곳에서 252곳, 3000명 이상은 188곳에서 446곳으로 증가했다. 이 그림에서는 순위가 하위인 온천지에서 입욕객의 신장률이 늘어난 것을 알 수 있다. 이렇게 외래 입욕객을 맞이하기 위해 전국적으로 온천지 시설 정비가 진행되고 있었다.

다음으로 연간 입욕객수가 8만 명을 상회하는 온천을 [표 3-1]에 표시했다.

이 수치를 하루 단위로 환산하면 약 220명이 된다. 표를 보면 1880년대에 상위에 있던 온천지가 입욕객수를 몇 배나 늘려서 그 지위를 유지하고 있는 한편, 조하나라듐城端ラジウム·다카라즈카宝塚와 같이 신흥 온천지가 진입과 동시에 단숨에 순위에 올라 있는 것을 알 수 있다. 개발의 새로움이라는 점에서는

표 3-1 1910년대(다이쇼기)의 입욕객수가 많은 온천지

	명칭	소재지	입욕객수	남녀비
1	도고온천	에히메현 마쓰야마시	1,030,237	1.42
2	기노사키온천	효고현 도요오카시	1,007,175	1.86
3	벳푸온천	오이타현 벳푸시	778,799	1.44
4	야마가온천	구마모토현 야마시카시	683,220	1.19
5	다케오온천	사가현 다케오시	433,371	1.35
6	야마구치초 유다온천	야마구치현 야마구치시	306,340	0.94
7	조하나라듐광천	도야마현 난도시	260,411	1.17
8	유무라온광천	효고현 신온센초	255,172	1.50
9	다카라즈카온천	효고현 다카라즈카	231,773	1.09
10	이카호온천	군마현 시부가와시	227,064	1.02
11	미나토야마	효고현 고베시	199,916	1.09
12	유하라온천	오카야마현 마니와시	197,747	2.33
13	아타미온천	시즈오카현 아타미시	165,085	1.72
14	요시가타온천	돗토리현 돗토리시	164,050	1.06
15	히나구온천	구마모토현 아쓰시로시	163,919	1.24
16	고이노유(구마이리)	구마모토현 야마시카시	157,500	1.13
17	이자쿠온천(후키아게)	가고시마현 히오키시	145,568	0.58
18	아쓰미온천	야마가타현 쓰로오카시	143,442	0.76
19	야마나카온천	이시카와현 가가시	140,194	1.50
20	시오바라온천	이바라키현 나스시오바라시	139,138	1.10
21	다이니요시노유	야마나시현 고후시	133,099	1.05
22	쓰루하기온천(야마우에)	야마가타현 야마우에시	128,408	1.25
23	나루코온천	미야자키현 오자키시	127,536	1.13
24	오도로쿠온천(유쿄)	오카야마현 미마사카	123,090	1.75
25	유노가와온천	홋카이도현 하코다테	121,000	1.37
26	나스온천	도치기현 나스초	119,541	1.33
27	슈젠지온천	시즈오카현 이즈시	118,036	1.34
28	아사마온천	나가노현 마쓰모토시	113,955	0.95
29	이와자키온천	가고시마현 가고시마시	13,566	0.83
30	노보리베쓰온천	홋카이도 노보리베쓰시	111,806	1.00
31	오쿠쓰온천	오카야마현 가가미노시	104,553	1.34
32	간나온천	오이타현 벳푸시	96,204	1.69
33	이도온천	시즈오카현 이도시	94,836	3.27
34	와쿠라온천	이시카와현 나나오시	94,067	2.51
35	마쓰가사키하마광천	니가타현 니가타시	89,028	0.82
36	유가하라온천	가나가와현 유가와라초	85,803	2.29
37	다카바유	가고시마현 가고시마시	85,450	1.09
38	이와시타	야마나시현 야마나시시	85,447	1.76
39	야마시로온천	이시카와현 가가시	85,425	1.41
40	스카유온천	아오모리현 아오모리시	82,980	1.30
41	아와즈온천	이시카와현 고마쓰시	81,006	2.07

입욕객수는 1911~1920년의 10년간의 평균. 단 신설한 곳은 단년 또는 수년의 수치에서 사용함.
남녀비=남성객÷여성객(『전국 온천 광천에 관한 조사』에서 작성)

홋카이도의 유노카와湯ノ川와 노보리베쓰登別가 계속 10만 명을 넘은 것도 주목된다. 이하에서는 10위까지의 온천지의 상황을 전체적으로 보도록 한다.

도고온천

1위는 1880년대와 마찬가지로 도고온천道後溫泉이다. 단, 증가율은 다른 상위의 온천지와 비교하면 크지 않다. 1911년에는 이요伊予철도가 전력화되고 마쓰야마松山전기궤도도 개업하여 도고온천으로의 여객 운송을 경쟁하게 되었다(그림 3-4).

『전국 온천 광천에 대한 조사』의 교통 관계 항목에는 게이한京阪(교토와 오사카), 주고쿠中国, 규슈九州 지방의 입욕객은 배편으로 다카하마에 상륙하여 그곳에서부터는 기차·전차·자동차·인력거로 온천지에 간다고 되어 있다. 당시의 욕실은 5구區 10구 획區劃(황실 전용의 유신덴[又新殿] 다마노유니[霊の湯 二], 가미노유산[神の湯 三], 요조유니[養生湯 二], 마쓰유니[松湯 二])이었다. 1910년대(다이쇼기)의 입욕요금을 보면 다마노유 1등 20전錢·2등 10전·마쿠유幕湯 1시간 4명 이하 2엔, 가미노유 1등 15전·2등 10전·3등 5전·마쿠유 1시간 6명 이하 3엔, 요조유 1전인 것처럼 폭넓다(『보양유람 일본온천안내』, 1919년).

1922년의 『요양본위 온천안내』에 "머무르는 손님에게는 기친야도木賃宿[1]와 자취제가 있어서 원하는 쪽을 이용할 수 있다. 옛날 유명한 탕치장이면서 마쓰야마 인사들의 놀이의 장으로 마 을 안에 유곽이 있을 정도로 매우 온유한 기분으로 가득하다"라고 기록되어 있듯이, 도고는 화려한 도시면서 탕치온천의 요소도 남아 있었다. 주로 세토우치瀬戸内의 도쇼島嶼부에서 오는 농민·어민들은 모든 식료품이나 취사도 구까지 가지고 오기 때문에 '된장통 탕치味噌桶湯治'라고 불렸으며 친숙한 기

1 값싼 숙소로 연료비만 지불하고 숙박을 함.

그림 3-4
도고온천으로의 교통 안내도(『온천안내』, 1920)

그림 3-5
기노사키온천의 마을(『일본의 광천[The mineral springs of Japan]』, 1915년)

친야도에 2~3주간 머물고, 1전의 탕찰과 손수건을 손에 들고, 하루에 3~4번 요조유養生湯에 들어갔다고 한다(『도고온천증보판』, 1982년).

　도고온천의 경영권은 마을町에 있었으며 1914년 마을사람용으로 아라유新湯가 증설되었다. 게다가 1922년에는 마쓰유松湯를 폐쇄해서 세이유西湯·스나유砂湯를 건설하고, 각각에 남녀 2실을 설치하여, 욕실은 다 합쳐 14구획이 되었다. 욕실의 증설은 입욕객의 급증에 따른 것이지만, 그 때문에 온천수의 양을 늘리는 것이 과제가 되었다. 이에 따라 1914년부터 가미노유神の湯의 원천源泉을 개량해 펌프로 끌어올리게 되었다. 그 후에도 원천 개발을 시도하였지만, 도고의 여관에 실내탕內湯(우치유)이 만들어진 것은 충분한 용출량을 가진 새로운 원천 굴착에 성공한 1956년의 일이었다(『도고온천 증보판』, 1982년). 그 때문에 "용출량이 빈약한 점. 이로 인해 여관에 실내탕內湯이 없는 점. 쓸데없이 혼잡해서 환자가 조용히 쉴 수 없다는 점"이 결점으로 지적되었다(『요양본위 온천안내』, 1922년).

기노사키온천

2위의 기노사키온천城崎溫泉의 입욕객수는 1880년대에는 1만 2696명이었지만, 약 80배가 증가하였다. 『전국 온천 광천에 대한 조사』의 시설 개요에는 마을 안 6곳에 공동목욕탕이 설치되어 있으며, 실내탕 시설이 없는 여관은 79채가 있다고 기술해 놓았다(그림 3-5).

　기노사키의 발전을 가져온 것은 1909년 9월의 산인선山陰線 기노사키역의 개업이다. 그 이후 교토, 오사카, 고베 쪽의 고객을 맞이하기 위해 원천·목욕탕의 관리 운영을 담당하는 유시마湯島 재산구財産区[2]는 종래의 목욕탕을 1910년부터 순

2 특별지방공공단체의 하나로 '시(市)'나 '마을(村)'과 같은 특별구의 일부가 산림이나 목초지, 온천, 어업권과 같은 재산을 소유하거나 공공시설을 설치하여 운영하는 것을 말한다(지방자치법294조).

차적으로 개축하였다. 1913년의 『기노사키온천지城崎温泉誌』에는 이치노유一の湯(특등 4욕조·상등 4욕조·나미유[並湯] 4욕조), 고쇼노유御所の湯(특등 2욕조·상등 4욕조·나미유 4욕조), 만다라노유曼陀羅の湯(상등 2욕조·나미유 4욕조), 지조유地蔵湯(상등 2욕조·나미유 4욕조), 오토리노유鴻の湯(2욕조), 야나기유柳湯(2욕조)가 있고, 종래의 19욕조에서 38욕조가 되어 별도로 야마이유病湯 1곳을 증설했다고 기록하고 있다.

다야마 가타이田山花袋는 "온천장으로서는 결코 차분한 느낌이 드는 곳은 아니다. 토지가 고양이 이마같이 좁은데 주변이 어수선해서, 여관들이 처마를 늘어뜨리고 있는 모습은 거의 교토, 오사카, 고베식이다.…… 어느 여관에도 실내탕이 없고 여행객은 모두 수건을 가지고 요금을 지불한다. 그리고 다리 건너편에 있는 공동목욕탕에 들어가는 것이다.…… 도고온천에 있는 공동목욕탕처럼 그 정도의 계급이 있는 다른 목욕탕도 없었지만, 단순히 크기나 근사함으로 말하자면 물론이거니와, 이것은 그것에 비해 더 뛰어나다고 해도 좋다"라고 서술하고 있다(『온천순례[温泉めぐり]』, 1918년).

이처럼 공동목욕탕을 중심으로 발전해온 기노사키온천이었지만, 1927년에 유력 여관이 실내탕 설치를 위해 건축허가 신청을 하게 되고, 이에 대해 지방 주민의 반대운동이 일어나 마을 행정을 둘러싼 분쟁이 생겼다(『기노사키마을역사[城崎町史]』, 1988년). 재판상의 분쟁은 전쟁 후에도 계속되었으나 1950년에 화해하게 되었다. 실내탕의 설치를 인정하게 되면 난개발로 인해 원천의 고갈을 가져올 우려가 있고, 이것을 갖추지 않은 중소여관은 경영이 곤란하게 되며, 손님의 외출이 줄어들면 토산물 판매점·요리점 등의 경영에 영향이 미친다는 것이 실내탕을 반대한 주된 이유였다.

벳푸온천

1880년대에는 벳푸別府(하마와키[浜脇]를 포함)의 입욕객수는 2만 명을 조금 넘었지만, 1920년대에 이르러서는 78만 명 가깝게 급증했다. 인근 온천지에서도 간나와鉄輪 9만 6204명, 간카이지観海寺 2만 7309명, 가메가와亀川 2만 7236명, 묘반明礬 1만 8853명, 호리타堀田 6275명의 입욕객수를 보이고 있다.『전국 온천 광천에 대한 조사』의 교통 관계에는 바다와 육지 전부 교통이 매우 편리하여, 철도는 규슈九州선·호슈豊州선으로 온천장에 이르며, 해상에서는 오사카상선항로회사에 의해 오사카, 고베·중국·미야자키 방면과 연결되고, 특히 동同 회사는 벳푸 유람객을 위해 새로 만든 기선으로 4일간 오사카·벳푸 간을 왕복한다고 되어 있다.

벳푸에서는 1890년대 이후에 인공 굴착으로 실내탕을 설치한 여관이 크게 증가하였다.『전국 온천 광천에 대한 조사』에는 1175개의 용출구가 있다고 되어 있다. 벳푸 지역과 하마와키 지역은 1906년에 합병되어 1911년 온천과課의 신설에 의해 온천의 관리나 선전에 힘을 기울이게 된다. 또한 1920년에는 벳푸항의 북쪽과 남쪽에서 매립 공사가 이루어져 새로운 여관마을이 형성되었다. 벳푸에서는 공동목욕탕의 대부분을 무료로 이용할 수 있었고, 1913년부터 1921년에는 다케가와라竹瓦온천·구수노키楠온천·레이초霊潮온천·다노유田の湯온천·후로不老온천으로 이루어진 마을 경영 목욕탕이 잇달아 개축되었다(『벳푸시지[別府市誌]』, 1985년). 이외에도 해안의 모래사장이 벳푸의 명물로 알려져 있다(그림 3-6).

벳푸의 여관에는 3번의 식사가 나오는 하타고旅籠와 부식을 스스로 준비하는 기친야도木賃宿가 있다. 1915년의『통속벳푸온천안내通俗別府温泉案内』에서는 "기친야도는 벳푸의 독특한 제도여서 그 이름을 들으면 사기꾼

그림 3-6
벳푸의 시가지와 모래장(「벳푸 명소 그림엽서」)

그림 3-7
다케오온천의 로몬과 신관의 욕장 (「다케오온천 그림엽서」)

이나 말이 머무르는 수상하고 싸구려 느낌이 들지만 결코 그런 여관이 아니다. 250채나 있는 여관에서 기친야도를 하지 않는 집은 10채 정도 밖에 없다. …… 진짜로 요양을 필요로 하는 사람에게는 싸고, 오래 머무르는 것이 가능한 구조"라고 설명하고 있다. 또한 다야마 가타이는 "여기서는 여관에서 하루 얼마에 묵는 것보다 기친야도 쪽이 재미가 있으며, 또한 그 기친야도보다는 한 채 온천에 붙어 있는 2칸, 3칸 정도의 셋집을 하마와키浜脇 근처에 빌려, 거기에서 1개월 내지 2개월 정도 지내는 것이 재미있다. 어느 집에나 온천이 있으며, 두부가게에도, 생선가게에도 또 여관에도 각각 온천질이 다른 온천이 용출되는 등 다른 온천에서는 하고 싶어도 할 수 없는 것들이다"라고 서술하며(『온천순례』, 1918년), 체재방법을 고를 수 있는 데다 풍부하고 다양한 온천을 즐길 수 있는 벳푸를 높이 평가하고 있다.

야마가온천

1880년대(메이지 초기)에 3위였던 야마가온천山鹿温泉은 입욕객을 7배로 늘려 4위에 올라있다. 『전국 온천 광천에 대한 조사』에는 야마가온천으로 가는 길은 평탄한 도로여서 자동차·마차 이용이 상당히 편안하며, 가모토鹿本철도가 그곳에서 1리(약 3.9km)의 구타미来民 지역 마을까지 개통되었다고 쓰여 있다. 야마가역에서 연장해서 전 구간이 개통된 것은 1923년이다.

　　1926년의 『야마가온천지山鹿温泉誌』에는 호戸수 1600호 정도, 인구 8000명 정도, 여관은 58호, 마을 안에 재판소·경찰서·세무서·우편전신국이 있는 군내郡內 제1의 도회지로 목욕탕은 야마가山鹿초町의 중심가에 있으며 주위에는 크고 작은 건물이 많아 마치 집산장集散場 내에 있는 것 같다고 기록하고 있다. 야마가의 입욕요금은 1913년에는 마쓰노유 3전, 모미지유

1전, 사쿠라유 5리였지만, 1926년에는 각각 5전, 2전, 1전이 되었다. 1922년의 『요양본위 온천안내』에서는 "목욕객은 오로지 지방 사람들이지만 수가 상당히 많다. 욕탕도 청결하며 여관도 설비가 잘 되어 있다"라고 시설에 대해 평가하고 있지만, 결점으로 온천 용출량이 풍부하지 않다는 것과 실내탕이 없는 것을 들고 있다.

다케오온천

1880년대에 2위였던 다케오武雄온천은 입욕객의 증가율이 50%에 그치며 순위가 떨어졌다. 『전국 온천 광천에 대한 조사』의 교통 관계에는 나가사키선 다케오역에서 온천장까지 10정丁(약 1.1km)이고, 자동차와 인력거가 있다고 적고 있다. 오늘날에도 다케오온천의 상징이 되어 있는 덴표天平식 로몬楼門(2층으로 된 문으로 다케오온천의 상징)은 다케오온천조합(현 다케오온천주식회사)의 의뢰로 1915년에 완성되었다(그림 3-7).

이 설계는 일본은행 본점·도쿄역 등을 직접 제작한 다쓰노 긴고辰野金吾에 의해 만들어진 것으로 당초에는 3개의 로몬과 매점, 한증막, 당구장, 극장을 갖춘 종합 레저 시설로 설계되었다. 그러나 부지 등의 문제에 의해 완성한 것은 로몬 1동, 5전 탕 2개·10전 탕 2개·상상上上 탕(대절賃切) 6개의 도합 10개의 욕조와 휴식처 등을 갖춘 신관뿐이었다(다케오시 도서관·역사자료관 편, 『온천』, 2003년).

로몬이 세워진 1915년에는 라듐 함유량이 일본의 온천 중에서 4위인 것이 확증되어 한층 더 크게 발전할 계기를 갖게 되었다는 평가를 받았다(『보양 유람 일본온천안내』, 1919년). 그러나 한편으로는 "활기 있고, 편리하고, 어느 것 하나 불편함이 없는 온천장이지만 …… 손님이 많아 탕이 적은 것도 불쾌하고, 우치유가 없는 것도 허전하다 …… 신선한 공기를 마시는 시골의 환자가 일부러 공기가 탁한 온천에 가는 것은 생각해 볼 문제다"라고 번화한 온천도시이므로 요양용은 아니라는 평가를 받고 있기도 하다(『요양본위 온천안내』, 1922년).

유다온천

유다湯田온천의 입욕객수는 1880년대의 4만 3787명에서 7배가 되었다. 온천이 위치하는 시모우노레이下宇野令마을은 1915년에 야마구치山口 마을과 통합되고, 야마구치선 유다역의 개업으로 인해 도시의 영향을 받게 되었다. 그 무렵에는 여관에서 요리점을 겸업하는 것도 늘어 기생이 있는 곳도 7~8곳 생기고 기루妓楼(유녀가 있음)도 2채 있어 교성嬌聲의 번화가로 변모하기 시작했다(『야마구치시역사[山口市歷史] 제1권』, 1955년). 1920년의 철도원『온천안내』에서도 "야마구치 사람들의 유락지遊楽地"라는 위치를 부여하고 있다.

또한 1910년대 중반(다이쇼 초기)에는 지역민의 유지에 의해 온천조합이 조직되어 자금의 축적이 이루어지자, 이 온천을 널리 소개하려고 계획하였다. 그 뒤로 야마구치 마을에서 시굴로 풍부한 염류천을 얻는 데 성공하고, 1926년 황태자가 참가하는 축제에서 이 지방이 운영하는 레이유靈湯가 숙박소가 된 것을 계기로 온천 경영의 강화를 도모하였다. 그리고 1929년에는 유다온천주식회사를 설립하고(2년 후에 합명회사[合名會社]로 변경), 센닌유千人湯·특별탕·가족탕 등을 설치한 목욕탕의 운영이 시작되었다(『야마구치시역사』, 1933년). [그림 3-8]에는 '각 여관에 온천장의 설비 있음各旅館に温泉浴場の設備あり'이라고 실내탕이 있다는 것을 선전하고 있다.

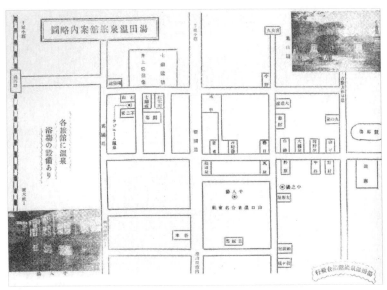

그림 3-8 1930년대(쇼와 초기)의 유다온천 안내도(유다온천여관조합 발행의 광고)

조하나라듐광천

조하나라듐城端ラジウム광천은『일본광천지』에는 기재되어 있지 않다. 이곳은 여관·요리점을 겸업하는 개인 경영 온천장이다. 철도원의『온천안내』에는 객실수 58, 수용 인원 250명, 부근에는 젠토쿠사지善德寺·수이게쓰水月공원·신메이샤神名社·나와이케繩池·덴추세키天柱石 등 볼 만한 것이 많다고 되어 있다. 또한 1921년의『춘하추동온천안내』에서는 필자(우네 요시토宇根義人)가 고카야마五箇山를 빠져나와 이 지방에 왔을 때, 상점에 가도 여관에 묵어도 뭔가 말을 하면 '얏얏' 하고 기합이라도 넣는 것 같은 대답을 들어서 매우 허둥댔다는 일화가 기록되어 있다. 1930년의『일본온천안내 서부편』에는 조하나역에서 3.3km 정도 가면, 요리여관부·자동차부 등으로 나뉘어 승마장·소극장·당구장의 설비를 갖춘 라듐광천이라고 칭하는 곳이 있어,

탕치공간이라기보다는 오히려 놀이공간이라는 느낌이 드는 장소로 '무기야부시麦や節(고카야마의 민요)춤'을 여기에서도 볼 수 있다고 안내하고 있다.

유무라온천

유무라湯村온천의 입욕객은 1880년대의 1000명에서 25만 5172명으로 급증하고 있다. 1911년에 산인선 하마사카浜坂역이 개업하자, 역에 안내 간판을 세우고 유무라까지의 도로를 정비하여 마차·인력거의 운행을 본격화했다. 『전국 온천 광천에 대한 조사』에는 하마사카에서 유무라까지의 9.8km 사이에는 자동차가 3대 있어 1시간마다 왕복한다고 기재되어 있으며 교통편이 두드러지게 개선되었다.

1918년 유무라에서는 성공한 기노사키城崎를 본받아 타 지방에서 오는 입욕객을 의식해 새로운 목욕탕을 완성하였다. 『전국 온천 광천에 대한 조사』에는 마을에서 운영하는 온천장의 면적은 90평 남짓이고, 특등탕(가족탕)·상등탕(남녀)·보통탕(남녀)의 5개 욕조가 구비되어 있다고 적혀 있다. 특등탕은 4명 정도, 다른 4곳의 욕조는 30명이 한 번에 들어갈 수 있었다. 욕탕의 낙성식은 마을 전체가 참여하여 초대객이 197명에 이를 정도로 성대하게 치러졌으며, 선전 대책을 위해서인지 8개의 신문사도 초대되었다고 한다(『온천마을역사 제3권』, 1996년).

『일본의 광천The mineral springs of Japan』에서는 아라유荒湯라 불리는 뜨겁게 끓어오르는 온천을 마을 사람들이 음식을 삶는 데 사용하고 있으며, 달걀은 약 2분 정도면 반숙이 된다고 기술하고 있다(그림 3-10). 또한 유무라의 명물로 이 탕에서 데친 아라유 두부豆腐를 소개하고 있다(『온천안내』, 1920년).

그림 3-9
조하나라듐광천(『온천안내』, 1931)

그림 3-10
유무라온천의 아라유(『일본의 광천[The mineral springs of Japan]』, 1915)

다카라즈카온천

다카라즈카宝塚온천은 『일본광천지』에는 '무코잔武庫山'으로 보이지만, 그 지역 사람들이 온천수를 끌어올려 자가自家 사용을 하는 상황이었다. 다카라즈카온천의 개발은 1897년의 한카쿠阪鶴철도(현 JR후쿠치야마선)의 개통으로 본격화되었으며, 무코가와武庫川 오른쪽 강기슭에 구舊 온천의 욕탕이 정비되었다. 이곳은 주식회사 다카라즈카온천(이전에는 다카라즈카온천장지주조합)이 경영하였으며, 여관이나 상점이 늘어선 온천거리가 형성되었다. 한편, 1910년에는 미노오箕面 아리마有馬 전기궤도(현 한큐(阪急)다카라즈카선)가 개업하고, 그 다음해에 무코가와 왼쪽에 다카라즈카 신新 온천이 설치되었다(『다카라즈카시역사宝塚市歷史』 제3권, 1977년). 『전국 온천 광천에 대한 조사』에 기재된 내용은 구 온천의 시설밖에 다루지 않고 있기 때문에 입욕객수의 데이터는 구 온천 단독의 것이라고 생각된다.

1922년의 『요양본위 온천안내』는 다카라즈카온천의 특색을 다음과 같이 설명한다.

구 온천은 탄산천, 신 온천은 라듐천이지만 원래 이곳은 아침부터 밤까지 장사의 흥정이나, 계산(勘定—필자주)에 바쁜 오사카 인사들이 약간의 여유를 이용해서 일상에서 벗어나는 곳으로, 병자의 요양지는 아니다 …… 다카라즈카의 생명이 신 온천에 있는 것은 물론이고, 규모가 크고, 건물의 총면적 3000여 평, 구내에 동물원, 파라다이스, 리셉션 홀, 가극장(歌劇場), 도서관, 대식당, 당구장, 사진실, 이발소, 미용실, 귀신의 집, 가족온천 등의 설비가 완비되고, 특히 소녀가극은 다카라즈카의 명물로서 그 이름이 전국에 널리 퍼지고 있다 …….

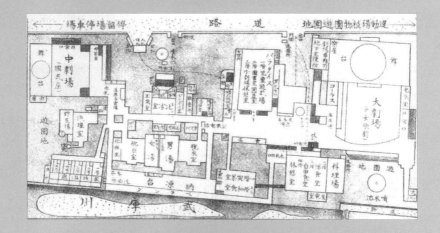

그림 3-11
다카라즈카 신 온천의 안내도
(한신급행철도주식회사 발행,「다카라즈카
신 온천 안내」)

그림 3-12
이카호의 돌계단 거리 그림엽서
하부에 탕을 나누는 작은 문이 보인다.

이와 같이 철도와 연계된 다카라즈카온천은 당초부터 행락지로서 개발되어 많은 입욕객을 모았다. 신 온천의 욕탕은 5실室짜리 대절 전용 가족온천, 50평의 넓이의 터키탕(증기탕)을 갖춘 남탕, 27평의 넓이의 중장中將탕(약탕)을 갖춘 여탕으로 되어 있다(그림 3-11).

이카호온천

10위의 이카호伊香保온천의 입욕객수는 1880년대와 비교하면 9배로 증가하였다. 이카호에 가는 교통편은 1910년의 다카사키高崎와 시부카와渋川 사이와 마에바시前橋와 시부카와 사이에 선로의 전기화가 이루어진, 이카호전기선로의 개업에 의해서 크게 개선되었다. 이 전기선로는 시부카와에서부터 "2리 남짓의 산길이 있기 때문에 도쿄에서 출발하면 조금 귀찮은 느낌이 든다. 하지만 이 전차가 생기고 나서는 그 귀찮은 마음이 말끔히 사라졌다"(다야마 가타이, 『이카호 안내[伊香保案内]』, 1930년)라고 하듯이, 많은 여행객을 유치하는데 공헌하였다. 이카호는 "자연풍경이 아름답고 공기가 맑으며, 온천질이 우수하고 교통이 매우 편리하여 우리나라의 대표적 온천장으로서 이름을 날리고 있다"라는 평가를 듣고 있다(『요양본위 온천안내』, 1922년).

　　이카호의 온천거리는 돌계단 좌우에 계획적으로 배치되어 있으며, 온천수는 원천에서 큰 둑을 지나, 거기에서 정해진 크기의 문을 통해 물을 끌어와 권리를 갖는 온천여관에 공급하였다(그림 3-12). 돌계단을 따라가면 주로 소규모 여관이나 점포가 늘어서 있고, 그 안쪽에 대규모 여관이 위치하고 있다(졸고, 「조감도에 그려진 이카호온천의 경관[鳥瞰圖に描かれた伊香保温泉の景觀]」, 2002년). 1910년대(메이지 말기)의 온천장은 "청소되지 않은 곳이 없고, …… 모두 각각 아름다운 실내탕을 가지고 있다. 밤이 되면 밝은 전등이 환하게 빛을

내고, 이 깊은 산속에 불야성을 출현시킨다. 전화벨 소리는 따르릉따르릉
하고 울리며 마을 안팎으로, 멀리는 도쿄·요코하마와도 자유롭게 이야기
할 수 있다. 지붕 위의 피뢰침 설치를 보면 완벽한 설비임을 알 수 있다"라고
묘사되어 있다(『이카호 안내』, 1915년).

3. 탕치장에서 유람관광지로

실외탕에서 실내탕으로

[표 3-1]에 있듯이 랭킹 상위의 온천지는 서일본에 편재되어 있다. 도고
·기노사키·야마가·다케오 등에서는 여관 밖에 있는 공동목욕탕(소토유)에
나가, 그곳에서 입욕료를 지불하게 했다. 이 점에 대해 아리마온천의 공동
목욕탕을 설명하면서 다야마 가타이는 다음과 같이 지적하고 있다.

> 이 공동목욕탕 요금제도인 유제니(湯銭)는 공중목욕탕인 센토우(銭湯)와 같
> 은 것으로, 위 지방이 아니면 볼 수 없는 것으로, 간토나 규슈와 같이 온천의
> 용출량이 많은 곳에서는 결코 이런 식으로 요금을 받지 않는다. 설령 요금을
> 받는다고 하더라도 계산서 구석에 작게 써놓는 정도다.
> 이 요금제도도 결국 탕의 용출량이 적고, 각 여관에 빠짐없이 물을 보내는
> 것이 불가능하기 때문에 어쩔 수 없이 이렇게 할 수밖에 없는 것이다…… 그리
> 고 이러한 온천일수록 공동욕조에 상당한 돈을 들여 매우 아름답게 꾸미는
> 풍조가 있다(『온천순례』, 1918년).

마쓰가와 지로松川二郎의『요양본위 온천안내』등에서는 실내탕內湯이 없고, 유흥·환락적인 요소가 강한 온천지에는 혹독한 코멘트가 붙지만, 입욕객 랭킹에 나타나듯 그러한 온천지는 인기가 높고, 다수의 입욕객을 모으고 있었다. 이것은 온천 안내의 저자들과 대중이 바라던 온천지가 달랐다는 것을 보여주는 것일까.

단, 여관 내에 온천장을 설치하는 것은 스스로 여관의 차별화·고급화를 도모하여, 보다 많은 숙박객을 얻기 위해 필요한 것이었다. 당시 여관의 광고를 보면 한결같이 '실내탕 여관內湯旅館'이라는 선전 문구가 사용되고 있다. [그림 3-13]은 시오바라塩原온천의 중심지인 후쿠와타福渡戸의 여관의 예다. 후쿠와타에는 후도노유不動の湯·이와노유岩の湯·레이노유冷の湯·아와이노유淡の湯·하다카노유裸の湯라는 공동목욕탕이 있으면서도, 상류의 시오가마塩釜에서 나무통으로 온천을 끌어와서 실내탕을 설치하게 되었다.

이뿐만 아니라, 호화로운 온천시설을 갖춘 여관도 늘어갔다. "현재 각지에 있는 센닌부로千人風呂, 만닌부로万人風呂라 칭하는 대욕조의 원조"(『일본온천안내 동부편』, 1930년)라 일컬어진 것은 1907년에 만들어진 이즈야마伊豆山온천 사가미相模여관의 대온천장이다(그림 3-14). 그것은 길이 약 38m, 폭 약 11m, 세 방향의 벽에 붙인 판자는 히라바야시 단메이平林探溟 화백의 벽화로 장식했다. 거기에 설치되어 있는 센닌부로는 길이 약 15m, 폭 약 7.6m, 깊이 약 1.4m나 되고, 밤낮으로 영천靈泉의 온천수가 계속 나와서 자유롭게 헤엄칠 수 있을 정도다. 목욕탕 옆에 높이 약 6m의 온천수 폭포가 있고, 폭포의 남방에 세 곳의 작은 욕조와 해수온욕도 있다고 묘사되어 있다(『보양유람 전국온천명소순회』, 1920년).

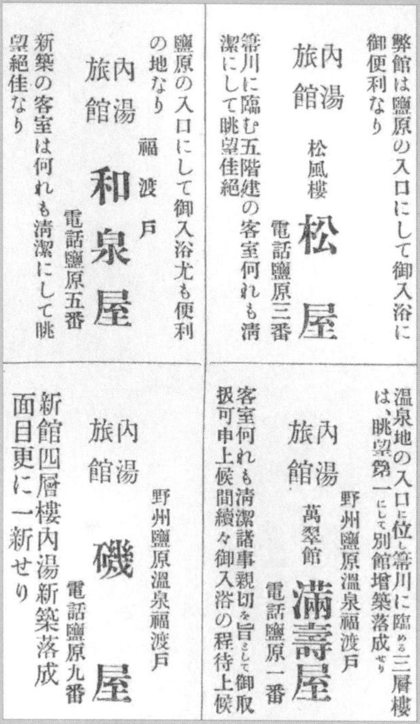

그림 3-13
시오바라온천의 여관 광고
각 여관 모두 3층에서 5층 객실을 자랑하며, 전화번호를 안내하고 있는 것도 주목
(『시오바라온천안내』, 1924)

그림 3-14
센닌부로유영실황
(『일본온천안내 동부편』에 게재된 사가미시쓰여관 광고, 1930)

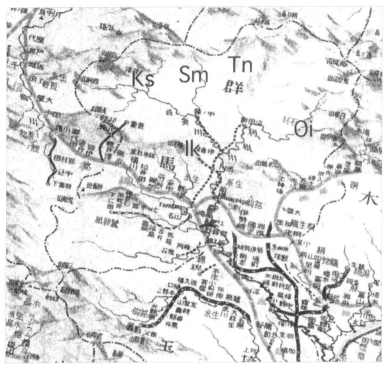

그림 3-15 사례로 한 온천지의 위치
Ik: 이카호, Ks: 구사쓰, Sm: 시마, Tn: 다니가와, Oi: 오이가미
기본그림은 『철도여행안내』 1918년 부도를 사용

1914년의 입욕객의 출발지

그런데 철도여행이 보급되는 과도기에 도시의 입욕객은 어느 정도였을까? 여기에서 다루는 것은 연간 총 입욕객수가 서로 다른 군마群馬현 내의 5개 온천지고, 그 위치는 [그림 3-15]에 나타나 있는 대로다.

그림 속의 실선은 철도, 점선은 선로를 나타낸다. 데이터는 1914년의 시점이며 철도·선로가 지나고 있던 곳은 이카호뿐이었다. 또한 시부카와

표 3-2 1914년의 연 입욕객수와 그 지역별 내역

	이카호	구사쓰	시마	다니가와	오이가미
홋카이도·도호쿠	1,184(0.6%)	1,479(1.3%)	2(0.0%)	0(0.0%)	213(3.6%)
이바라기	1,631(0.8%)	2,655(2.3%)	527(0.8%)	5(0.1%)	37(0.6%)
도치기	4,443(2.1%)	2,820(2.4%)	5,045(7.2%)	5(0.1%)	563(9.4%)
군마	112,067(53.3%)	42,939(36.7%)	41,546(59.6%)	7,254(93.1%)	3,912(65.6%)
사이타마	37,984(18.1%)	13,119(11.2%)	15,559(22.3%)	1(0.0%)	444(7.4%)
지바	774(0.4%)	4,050(3.5%)	413(0.6%)	2(0.0%)	33(0.6%)
도쿄	41,265(19.6%)	21,897(18.7%)	6,481(9.3%)	227(2.9%)	326(5.5%)
가나가와	2,782(1.3%)	6,336(5.4%)	103(0.1%)	0(0.0%)	27(0.5%)
고신에쓰	5,344(2.5%)	12,117(10.4%)	65(0.1%)	292(3.7%)	200(3.4%)
호쿠리쿠·도카이	818(0.4%)	7,100(6.1%)	7(0.0%)	2(0.0%)	152(2.5%)
긴키	1,389(0.7%)	1,336(1.1%)	6(0.0%	0(0.0%)	28(0.5%)
주고쿠·시코쿠	399(0.2%)	134(0.1%)	2(0.0%)	3(0.0%)	31(0.5%)
규슈·오키나와	207(0.1%)	35(0.0%)	0(0.0%)	0(0.0%)	0(0.0%)
외국인		881(0.8%)			
연 입욕객수	210,287(100.0%)	116,898(100.0%)	69,756(100.0%)	7,791(100.0%)	5,966(100.0%)
입욕관수	37,762	7,159	7,597	1,299	1,230
평균 입욕일수	5.57	16.33	9.18	6.00	4.85

「광천장 입욕객 조사표」(『1915년부터 1920년까지 광천』, 군마현립문서관 소장)에서 작성

에서 나카노조中之条와 누마다沼田까지는 마차, 선로가 다니고 있었지만, 구사쓰경편輕便철도의 부분 개업은 1915년, 구사쓰전기철도로 전선 개통은 1926년까지 기다려야만 하였다. 승합자동차의 보급도 1919년 이후의 일이다. 따라서 이카호 이외의 온천지에 갈 때는 도보나 인력거·마차·말을 이용할 수밖에 없었다.

[표 3-2]를 보면 가장 많은 입욕객을 모았던 이카호에서는 현縣내의 입욕객이 53%에 머무르고, 도쿄와 사이타마埼玉가 20% 근처인 것을 알 수 있다.

구사쓰의 입욕객수는 이카호에는 미치지 못하고 현 내객은 37%로 낮으며, 도쿄·사이타마·야마나시·나가노·고신에쓰甲信越 등의 먼 지역에서도 입욕객이 방문하고 있다. 구사쓰는 '온천순위温泉番付'에서 변함없이

동쪽의 오제키大關의 위치를 차지하고 있었다. 그것은 구사쓰온천만의 독자적 효능을 추구해 왔기 때문일 것이다. 게다가 구사쓰만 비고備考란에 외국인의 데이터가 언급되어 있다. 그 내역은 영국 235, 독일과 미국 210, 중국 120, 러시아 75, 프랑스 29, 네덜란드 2이다.

시마四万에서는 군마현 내객이 60%를 차지하고, 사이타마도 22%로 되어 있으며 근접 지역에서의 입욕객이 많았다. 1933년에는 방문객수 2만 1209명 중에 도쿄가 1만 848명, 군마가 5968명으로 도쿄가 반수를 차지하는 최대의 출발지였지만(『시마온천사』, 1977년), 아직까지는 10%에 달하지 못하고 있다.

사례 중에서는 다니가와谷川가 가장 현 내객의 점유율이 높았고, 게다가 도네군利根郡의 내객은 전체의 85%에 달하였다. 그에 비해 도쿄로부터의 손님은 3%에 미치지 못하였다. 오이가미老神에서는 현 내객이 66%를 차지하지만, 다니가와와 비교하면 먼 곳의 손님이 조금 많았다. 이것은 화류花柳병에 특효가 있다고 하는 효능 때문일 것이다. 종합하면 규모가 큰 온천지일수록 도쿄의 비율이 높고 먼 지역에서도 손님이 방문하며, 규모가 작은 온천지일수록 현 내객을 중심으로 하고 있다고 볼 수 있다.

이 조사에서는 총 입욕객수와 함께 각각의 입욕객수도 나타내고 있다. 여기에서 전자를 후자로 나누고, 1명당 평균 입욕일수를 구하였다. [표 3-2]와 같이 구사쓰는 평균 16일을 상회하고, 장기체재의 탕치객이 대부분을 차지하는 것을 알 수 있다. 구사쓰에서는 이 시점에서도 3주간이나 4주간의 체재가 일반적이었다. 평균 9.18일의 시마四万도 자취로 장기체재객이 주된 손님이며, 양잠을 하는 시기에 맞춰서 8월 하순부터 9월 상순에 입욕객이 절정을 맞고 있다. 이카호도 평균 5.57일이며 도쿄를 시발점으로 먼 지방에서 온 입욕객이 다수를 차지하고 있었지만 단기로 체재하는 유람객은 많지 않았다.

관광지화의 계기

니시카와 요시카타西川義方는 다니가와谷川온천에서 들은 이야기를 다음과 같이 기술하고 있다. 이 지방은 1914년이나 1915년경까지는 농한기에 온천을 이용하였다. 4월의 학기 말 방학에는 말 양쪽에 나무로 짠 틀을 달아서 처자를 태우고, 된장·간장·쌀·소금 등을 운반해 10일간 탕치를 하였다. 그런데 철도 공사 등의 관계로 지역 농민이 서쪽으로 가게 되어, 즉 유주쿠湯宿·유시마湯島·호시法師 등의 온천으로 바뀌어 갔다. 또한 1918년이나 1919년경까지는 겨울에도 탕치를 하였다. 양력 1월부터 2월경에 2~3주간 체재했는데, 그곳에 있는 동안에는 서로 만든 떡이나 삶은 음식을 주고받았다. 손님이든 가족이든 구별이 없을 정도로 화롯가에 모여 즐겼다. 그런데 스키의 유행과 함께 그것도 할 수 없게 되었다고 한다(『온천에 필요한 지식溫泉須知』, 1937년). 즉, 철도 공사 관계자나 스키객 등의 증가에 따라 인근의 탕치객이 갈 곳을 잃은 것이다.

요양·보양온천지가 관광지화된 직접적인 계기에 관해 야마무라 준지山村順次는 교통기관의 정비에 의해 다수의 단기체재 관광객이 온천을 찾아오게 된 점을 지적하고 있다. 이와 함께 숙박 형태가 자취·반자취에서 식사 제공으로, 손님층이 고정객에서 불특정 다수로, 체재의 단기화, 입장권의 광역화, 숙박요금의 상승 등의 변화가 생기고, 온천의 이용도 실외탕外湯(공동목욕탕)에서 실내탕內湯(여관 안의 목욕탕)으로 변해갔다(『신관광지리학』, 1995년).

단, 이 시기에 도고·노사키·벳푸에서도 탕치의 공간적 요소를 강하게 남기고 있었으며, 대도시에 근접한 다카라즈카 같은 예외를 빼면 랭킹 상위의 온천지에서도 1박 2일, 2박 3일의 행락객이 주가 되기 전 단계였다. 온천지의 관광지화를 가능하게 하려면 철도노선의 신장과 도로가 정비가 되어 승합자동차로 온천지까지 직결되도록 하는 것이 필요했다. 그것과 더불어 입소문을 통해 방문하는 현내 혹은 인접 현으로부터의 고정객만이 아닌, 대도시로부터의 입욕객을 불러들이기 위한 선전 활동도 필요했다. 다음 장에서는 이와 관련하여 1930년대의 미디어 이벤트와 온천지와의 관계를 살펴보기로 하자.

4장
미디어 이벤트와 온천지의 움직임

1930년대(쇼와 초기)가 되자 교통과 미디어의 발달에 의해 각지의 온천은 보다 먼 지역으로부터 여행객을 맞이할 수 있게 되어, 손님 획득을 둘러싼 경쟁이 가열되었다. "요양의 목적 외에 최근 사회생활이 바빠짐에 따라, 평소의 번잡한 생활에서 벗어나 한적한 곳에서 몸을 쉬게 함으로써 심신의 휴양을 도모하고, 건강을 증진시키기 위한 목적으로 온천을 방문하는 사람들이 상당히 많아졌습니다"(미우라 나오히코三浦直彦, 「온천과 보건溫泉と保健」, 1932년)라고 하는 것처럼 보양객이나 행락객이 크게 증가하였다. 이러한 움직임 속에서 온천조합·여관조합 등은 신문에 광고를 싣거나 포스터나 전단지를 작성하고, 박람회나 전람회에 출품하는 등 다양한 미디어를 이용한 선전 활동을 전개하였다.

이 장에서는 오사카 마이니치신문사大阪每日新聞社와 도쿄 니치니치신문사東京日日新聞社가 주최한 '일본신팔경日本新八景'과 고쿠민신문사国民新聞社가 주최한 '전국온천16가선全国温泉十六佳選'이라는 인기투표에 의한 온천 콘테스트를 통해 온천지의 사람들이 어떻게 관여하게 되었는지를 살펴보고자 한다. 또한 이하에서는 조간에서 인용한 경우에는 날짜만을 표시하고 석간의 경우에는 그것을 명기하기로 한다.

1. '일본신팔경'의 선정

이벤트의 개요

'일본신팔경日本新八景'은 1927년에 오사카 마이니치신문사와 도쿄 니치니치신문사가 주최하고, 철도청의 후원으로 이루어진 이벤트다. 이것은 온천만이 아닌, 산악·계곡·폭포·호수·늪·하천·해안·평원과 같은 여덟 종류의 새로운 일본의 풍경지를 선정하고자 하는 것이었다. 그 외에 팔경이 자연의 풍경지이기 때문에 여기에 온천이 더해진 것은 조금 이질적인 느낌이 있다. 이 점에 대해서 '일본신팔경'은 풍경 콘테스트 이상으로 관광지 콘테스트의 색채가 강하다고 지적되고 있다(시라하타 요자부로[白幡洋三郎], 「일본팔경의 탄생[日本八景の誕生]」, 1992년).

'일본신팔경'의 선정은 한 장의 관제엽서에 한 곳의 풍경을 기입해 투표하는 후보지역 추천투표에서부터 시작하였다. 기간은 4월 10일부터 5월 20일까지고, 득표의 움직임은 연일 지면에 게재되었다. 5월 18일의 지면에는 15일 정오까지 도착한 표수가 표시되어 있다. 그러나 다음날부터는 지면에 3일 전의 정오까지 정리된 표수가 기재되었는데, 이것은 마감인 5월 20일에 육박하자 대량의 표가 밀려 들어와 엽서 정리가 따라갈 수 없었기 때문이다. 그 후, 6월 5일이 되어서 각각 제10위까지의 '일본신팔경'의 추천투표 결과가 발표되었다(그림 4-1). 지면에는 "진정한 향토애의 발로"라고 하는 표제어 아래에 단순한 명승지의 소개 선전이 아닌, "불타는 향토애로 단결

표 4-1 '일본신팔경' 득표수 상위의 온천

	팔경	16가선
하나마키/이와테	2,120,488	867,862
아타미/시즈오카	1,038,287	256,372
야마나카/이시카와	907,862	1,014
와쿠라/이시카와	740,334	3,306
미사사/돗토리	570,358	1,838
이와라/후쿠이	556,188	3,556
도야마/후쿠시마	529,344	8,429
가타야마쓰/이시카와	516,718	1,158
이도/시즈오카	507,488	10,489
벳푸/오이타	484,697	30,942
우레시노/시가	416,594	1,253
다와라야마/야마구치	331,089	1,879
아쓰미 /야마가타	322,354	219,171
나스/이바라기	300,524	50,805
가쓰우라/와카야마	288,016	
가이케/돗토리	284,308	

「도쿄 니치니치신문」 1927년 6월 10일 · 「고쿠민신문」 1930년 3월 6일 지면에서 작성

된 단체의 힘이 얼마나 위대한가를 절실히 느끼게 하였다"라고 각지에서 전개된 투표 행동이 평가해 놓았다.

추천투표의 결과

온천 부문의 투표 총수는 약 1191만 표 정도로, 147개소의 온천이 열거되었다. 이것은 해안·계곡·산악에 버금가는 표수였다. 그러나 "뭔가 하나 예상을 벗어난 것은 온천의 표수가 비교적 오르지 않았다는 것으로, 이 점에서 보더라도 이 추천투표가 진정한 향토애의 발로라는 하나의 증거라 할 수 있다."(「도쿄 니치니치신문」 6월 5일)라고 보도되어 있다. 이 평가는 어찌됐든 일본 풍경지의 선정이라는 점에서 어느 정도의 규모를 갖는 온천만이 후보가 될 수 있다는 점이 영향을 준 것 같다.

가장 많은 표를 모은 것은 하나마키花巻의 약 212만 표로 이곳만으로도

온천 부문 전체의 17.8%를 차지하였고, 아타미熱海 약 104만 표, 야마나카山中 약 91만 표, 와쿠라和倉 약 74만 표로 이어졌다(표 4-1).

이 이벤트에서 조직적인 집표 활동이 지역에 준 영향은 적지 않았던 것 같다. 톱에 랭크된 하나마키의 경우 처음 50만 표의 집표를 계획했지만 이를 100만 표로 수정하고, 마감 1주 전쯤에 각지의 정세를 살펴 200만 표로 재차 수정한 것은 이와테岩手현 주민 전체의 지원을 바탕으로 한 것이라 해도 교묘한 방법이었다고 보도되어 있다(「도쿄 니치니치신문」 6월 6일).

이와 같이 '일본신팔경' 추천투표에서 압도적인 다수의 표를 모은 하나마키온천은 입선이 확실시되어 6월 6일에 하나마키온천후원회가 축하·제등 행렬을 하였다. 오후 8시에 이나리稲荷신사 앞을 출발하여 떠들썩한 반주에 맞춰 만세를 외치면서 온천거리를 줄지어 걸어와 다이台온천에서 해산하였으며 상당히 성황을 이루었다고 한다(「이와테일보」 1927년 6월 8일). 또한 최고 득표를 축하하는 하나마키온천의 그림엽서도 발행되었다(그림 4-2).

팔경에 선택된 벳푸

각각의 입선지는 관계·학계·예술계 등의 지식인 48명의 위원에 의한 심의를 통해 최종적으로 결정되었다. 그 결과 7월 6일의 지면에 발표된 '일본신팔경·25승勝·100경景'에서는 온천부문 최다 득표였던 하나마키는 100경에 그쳤다.

온천의 제1승인 팔경에 선정된 것은 득표수 10위인 약 48만 표를 모은 벳푸였다. 덧붙여 이와 함께 결정된 팔경으로는, 평원: 가리카치狩勝고개(홋카이도), 호수: 도와다十和田호(아오모리·아키타), 폭포: 게곤華厳폭포(도치기[栃木]), 계곡: 가미코지上高地(나가노), 하천: 기소木曽강(아이치[愛知]), 해안: 무로토室戸

그림 4-1
'일본신팔경' 추천투표 결과를 전하는 지면(「도쿄 니치니치신문」 1927년 6월 5일)

그림 4-2
「일본팔경 최고점 하나마키온천 전경 그림엽서」
오른쪽: 후쿠로(袋), 왼쪽(위): 쇼운각(松雲閣) 객실(客室), 왼쪽(아래): 유기장

곳(고치[高知]), 산악: 온센다케温泉岳(나가사키), 온천: 벳푸(오이타[大分])로 지역적인 균형을 고려했음을 알 수 있다(아라야마 마사히코[荒山正彦], 「풍경의 로컬리즘[風景の ロ-カリズム]」, 2003년).

팔경의 다음인 25승에는 아타미·시오바라塩原·하코네箱根 이렇게 3곳의 온천이 입선하였다. 아타미는 104만 표 정도를 획득했지만, 시오바라는 약 25만 표, 하코네는 187표를 얻었다. 100경에는 하나마키와 야마나카로부터 우레시노嬉野까지의 득표 상위 온천에 더해, 약 27만 표인 아오네青根, 약 4만 표인 노보리베쓰가 선택되었다. 이처럼 '일본신팔경'에서는 독자에 의한 투표가 그대로 팔경의 선정까지 이어지지는 않았다.

벳푸에서는 팔경 입선의 통지를 받고 가메노이亀の井호텔의 오너인 아부라야 구마하치油屋熊八가 벳푸 시민을 대표하여 시장의 감사문을 가지고 6일 오전 11시에 오사카 마이니치신문사를 방문하기 위해 비행기로 출발했고, 시내 각 상점에서는 팔경 입선의 큰 간판을 상점 앞에 내거는 등 이미 벳푸온천은 환희의 절정에 달해 큰 축하회를 열기 위해 계획 중이라고 보도했다(「도쿄 니치니치신문」 7월 7일 석간).

이렇게 선정된 팔경의 매력을 소개하기 위해 1928년에 8장의 삽화와 8개의 기행문을 모아 정리한 『일본팔경』이 간행되었다. 벳푸온천을 담당한 것은 다카하마 교시高濱虛子였다. 그는 벳푸의 전임 촌장인 히나 고타로日向子太郎와 아부라야 구마하치의 안내로 지고쿠地獄[1] 순회에 나섰고, 유후인由布院이나 오이타의 예전 마을 석불 등을 찾아갔다. 그의 기행문 안에도 "아침부터 큰 소리로 비행기가 여관 위를 난다. 이것은 벳푸 바다에 떠있는 수상 비행기가 10분당 10엔으로 손님을 태우고 나는 것이다. 아부라야 구마하치 씨는 이 비행기를 타고 팔경 입선의 기쁨을 오사카까지 전하러 갔다"라고 적고 있다(고다

1 화산이나 온천지 등에서 끊임없이 연기나 증기를 내뿜는 곳으로 벳푸온천이 유명하다.

그림 4-3
벳푸온천의 조감도(부분)
유야 구마야(湯屋熊八)가 경영하는 가메노이호텔 안내가 시가지 대부분을 차지할 정도로 강조되어 그려져 있다.
(요시다 하쓰사부로[吉田初三郞],
「벳푸온천유람지」, 1927년)

그림 4-4
투표를 선전하는 포스터

로한[幸田露伴] 외,『일본팔경』, 2005년). [그림 3-6]의 그림엽서에도 수상 비행기의 기영이 담겨 있다.

1929년 4월 1일부터 벳푸시는 '세계 산업 전람회'를 개최하여 50일간의 회기會期 동안 80만 명이 넘는 입장객을 모았다. 회장會場에는 온천관·풍경관·미술관·수족관 등이 만들어져, "회기 중에 모두가 꽃의 거리, 등불의 거리처럼 만들어 거대한 불야성을" 이루었다(『벳푸시지[別府市誌]』, 1985년). 1937년에도 벳푸시는 '국제 온천관광 전람회'를 개최하는 등, 관광객을 의식한 이벤트나 시설 정비를 통해 전국적인 관광지로 발전하였다.

2. '전국온천16가선'

이벤트의 개요

「고쿠민신문」은 1910년대(메이지 말기)에는 도쿄의 5대 신문의 하나로 불렸지만, 1920년대 후반(다이쇼 초기)에는 5대 신문 중 최하위로 전락해 「도쿄 니치니치신문」과 「도쿄 아사히신문」과 비교해 판매부수가 반 이하 정도로 떨어졌으며, 1929년 1월에는 창간자인 도쿠토미 소호德富蘇峰도 퇴사하였다(아리야마 데루오[有山輝雄], 『도쿠토미 소호와 고쿠민신문[德富蘇峰と国民新聞]』, 1992년). 따라서 1929년 12월에 개시된 '전국온천16가선全国温泉十六佳選'은 이러한 열세를 만회하기 위해 기획된 이벤트라고 할 수 있다(그림 4-4).

이 '전국온천16가선'에서는 유명무명을 묻지 않고 득표 순위에 따라 16개의 온천을 선정하여 널리 소개한다고 예고되었다(「고쿠민신문」 1929년 12월 14일). 투표용지는 신문에 인쇄해 끼워 넣은 별도의 투표용지(조간 1표·석간

2표 첨부) 또는 관제엽서를 이용할 수 있었는데, 신문에 인쇄해 끼워 넣은 투표 용지를 사용하게 한 것으로 보아 부수의 증대를 노리고 있었다고 할 수 있다. 투표 기간은 1929년 12월 20일부터 1930년 2월 10일로 예고되었지만, 실제 마감은 1월 하순에 중의원衆議院의 해산이 있었기 때문에 총선거의 영향을 피하기 위해 3월 5일로 연기되었다. 따라서 75일간 장기간에 걸쳐 투표가 이루어졌다.

득표 결과의 비교

앞에서 서술한 '일본신팔경'이 동일본과 서일본의 유명 신문에 의한 이벤트로서 전국적인 전개를 보인 것에 반해, '전국온천16가선'은 고쿠민신문사가 단독으로 기획했기 때문에 서일본의 대부분의 온천에서는 이 이벤트에 적극적으로 참가하지 않았다. 앞에서 제시한 [표 4-1]의 '일본신팔경'에서 상위를 차지하던 온천 중에는 벳푸가 3만 표 정도를 모은 것이 눈에 띄는 정도였다. 또한 최종적인 득표 결과에서는 500표 미만의 온천은 생략되었기 때문에 정확한 투표 총수를 확인할 수 없지만, 기재된 표수를 합계하면 766만 표가 된다.

[표 4-2]에는 입선한 온천의 일람을 표시하였다. 역시 다마즈쿠리玉造 이외에는 동일본의 온천에 치우쳐 있는 것을 알 수 있다. 득표가 5000표를 넘은 온천을 보더라도 간사이關西의 서쪽에서는 4만 표인 도고와 3만 표인 벳푸 둘밖에 들어있지 않았다. 한편 양쪽 이벤트에서 전부 상위를 차지한 것은 하나마키·아타미·아쓰미溫海의 세 온천이었다. 그 이외에는 하코네를 비롯해 '일본신팔경'과의 관련성은 그다지 인정되지 않는다. '전국온천16가선'은 득표수만으로 순위를 결정하였기 때문에 하코네처럼 유명 온천지

표 4-2 '전국온천16가선' 득표수 상위의 온천

	팔경	16가선	여관수
하코네/ 가나가와	187	1,204,378	34
하나마키/ 이와테	2,120,488	867,862	4
시모베 / 야마가타	3	752,587	5
닛코유모토/ 이바라키	2	376,495	7
세나미/ 니가타		309,863	11
요시나/ 시즈오카	4	295,616	2
오이가미/ 군마		289,833	4
오다니/ 나가노		278,356	4
기누가와/ 이바라키	378	273,870	5
이즈나가오카/ 시즈오카		271,378	11
다마즈쿠리/ 시마네	1	268,182	4
아타미/ 시즈오카	1,038,287	256,372	28
후타마타라지오/ 홋카이도		238,114	1
오무로(간마키)/ 군마		234,903	1
아쓰미/ 야마가타	322,354	219,171	23
가와하라바/ 군마		217,789	5

여관수는 철도성 편, 『온천안내』(1931)의 기록에 의한 것임
'기누가와(鬼怒川)'는 팔경에서는 '오타키'라고 표기
「도쿄 니치니치신문」 1927년 6월10일 · 「고쿠민신문」 1930년 3월 6일 지면에서 작성

도 선정되어 있지만, 오히려 신흥 온천지나 소규모 온천지에서는 절호의 선전 기회로 받아들인 것은 아닐까. 그렇지만 신문에 첨부된 투표용지를 입수하거나 관제엽서를 사용한다고 하더라도 상당한 자금력이 필요했음은 말할 것도 없다.

가열되는 집표 활동

투표가 시작되자, 전날까지의 각지의 득표 결과가 조간의 지면에 연일 게재되었다. 1929년 12월 20일의 조간에는 "투표용지는 전날 석간(20일부)부터 인쇄되었으므로 학수고대하던 독자들은 배달된 신문만으로는 만족할 수 없어 각 방면으로 사들여 10표, 20표 본사에 직접 지참 또는 속달로 보내는 열성을 보였다"라고 뜨거운 인기를 전하고 있다. '일본신팔경' 추천투표에

그림 4-5 이즈나가오카온천에 남은 '전국온천16가선' 입선 명판

서는 독자의 투표를 부추기는 표현은 볼 수 없었지만, 이 이벤트에서는 부수의 대량 판매를 노려서인지 각지의 집표 활동 상황을 상세하게 전하고 있다.

1930년 1월 20일 지면에는 관련기사가 많이 게재되어 있다. 선두에서 밀려난 이즈나가오카伊豆長岡에서는 사카나야さかなや여관의 야마토관大和館, 가쓰라기야かつらぎ屋, 오가와야小川屋, 하시모토야橋本屋, 교에이칸共栄館 등의 여관주가 협의하여 일시에 수만 표를 던져 선두를 차지하기 위해 약 1만 표를 보냈으며, 우가키 가즈시게宇垣一成 육군대사를 방문해 응원을 청하려 상경하는 움직임이 전해지고 있다(그림 4-5).

또한 닛코유모토日光湯元와 기누가와鬼怒川에서는 두 곳의 온천 후원자가 신문 애독자를 방문하여 투표용지를 모으는 경쟁을 하였고, 이에 자극을 받아 나스那須에서도 대대적인 활동이 있었다고 신문에서 전하는 등, 표를 모으기 위해 분주한 관계자의 모습을 엿볼 수 있다. 오타리小谷의 경우, 그 지방의 나가노현 기타아즈미北安曇군 나카쓰치中土마을에서는 긴급 마을모임을 소집하여, 일찍이 내무성 특선에 의해 독일에서 개최된 '만국 광천 박람회'에 출품한 긍지를 유지하기 위해 투표에 관한 모든 사항을 결의하고 '애향愛鄕운동'이라고 이름을 붙여, 바로 모든 현 아래의 공동단체인 재향현민在鄕縣民에 후원 의뢰장을 발송하였다. 바야흐로, 이 이벤트의 집표 활동은 향토애를 건 운동이 되어 갔다.

이러한 움직임은 향토민만이 아닌 도쿄에 거주하는 사람들에게서도 나타나고 있다. 도쿄의 도치기栃木현 세력가들이 모여, 향토의 대표적 온천으로서 투표에서도 상위를 점하고 있는 닛코유모토, 기누가와, 시오바라, 나스, 가와지川治의 5개 온천을 대상으로 당선을 위한 맹렬한 운동을 개시하기 시작했다고 전하는 모습이 그 전형적인 예라고 할 수 있다(「고쿠민신문」 1월 23일).

당초 정해진 마감이 임박한 1월 말에는, 배달 중 신문에 인쇄해 끼워 넣은 투표용지를 잘라내고 배달되는 경우도 있다고 하는데 혹시 그러한 일이 있다면 본사에 알리도록 하고, 신문 주문이 쇄도하여 마감 직전에는 대응할 수 없으니 빨리 신청하는 것이 유리하다는 주의가 게재되어 있다(「고쿠민신문」 1월 30일).

마감 직전의 동향

총선거가 끝난 2월 28일의 지면에는, "돌격 또 돌격해서 가선을 노린다/ 장렬한 백병전 전개"라는 표제와 함께 득표 현황을 '집중사격', '거대한 폭탄', '6인치 급의 포탄'이라고 비유하고 있으며, 마감 직전에 투표를 더욱 부추기는 기사가 실렸다. 특히 최종일에 이르자 많은 지면을 할애하여 각지

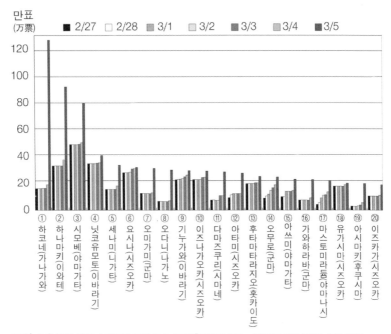

만표
(万票)

■ 2/27 □ 2/28 ■ 3/1 □ 3/2 ■ 3/3 ■ 3/4 ■ 3/5

① 하코네(가나가와)
② 하나마키(이와테)
③ 시모베(야마가타)
④ 닛코유모토(이바라기)
⑤ 세나미(니가타)
⑥ 요사나(시즈오카)
⑦ 오미가미(군마)
⑧ 오다니(나노)
⑨ 기누가와(이바라기)
⑩ 이즈나가오카(시즈오카)
⑪ 다마즈쿠리(시마네)
⑫ 아타미(시즈오카)
⑬ 후타마타라지오(홋카이도)
⑭ 오무로(군마)
⑮ 아쓰미(야마가타)
⑯ 가와하라바(군마)
⑰ 마스토미라듐야마나시)
⑱ 유가시마(시즈오카)
⑲ 아시마키후쿠시마)
⑳ 이즈카가(시즈오카)

그림 4-6 마감 직전 1주간의 득표총수 추이(「고쿠민신문」 1930년 2월 28일~3월 6일)

의 정세가 전해졌다. 실제로 최후의 1주일에는 격렬한 득표 경쟁이 이루어
졌다.

[그림 4-6]에는 상위 20위에 포함된 온천의 득표수 움직임을 정리해 놓았
다. 우선 무엇보다도 하코네의 최종일 득표 모습이 눈에 띤다. 하코네는 하루
에 104만 표를 얻어 전날의 10위에서 단숨에 1위로 뛰어올랐다. 2위가 된
하나마키는 쭉 상위에서 안정적인 득표를 얻어 왔으며 최종일에도 52만 표를
추가했지만, 하코네에는 미치지 못했다. 한편 2월 중반부터 쭉 1위의 자리를
차지하고 있던 시모베下部는 최종일에 28만 표를 모아 3위로 전락하였다.

또한 연일 1만에서 3만의 표를 얻은 것은 오무로大室(현재의 가미모쿠上牧))
와 마스토미라듐增富ラヂゥム이다. 오무로는 마감 전날에 9위까지 순위를 올

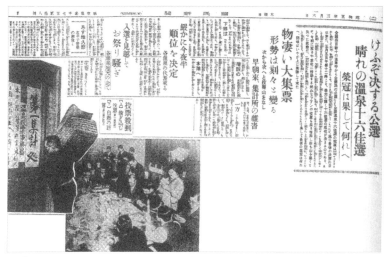

그림 4-7 투표 최종일의 정세를 전하는 기사(「고쿠민신문」 1930년 3월 6일 석간)

려 최종적으로 14위에 입선하였다. 마스토미라듐은 2월 27일에 20위에서부터 마감 전날 13위까지 순위를 올려 입선권 내에 들었지만, 최종일에 21만 표 정도를 추가한 오타리, 17만 표 정도를 추가한 다마쓰쿠리, 13만 표 정도를 추가한 가와라유川原湯 등에 역전당해 결국 17위에 그쳤다. 한편 유가시마의 경우에는 계속 8위를 유지하고 있었지만 최종일의 투표가 7000표에 그치는 바람에 순위를 크게 벗어나 권외로 추락하였다.

이처럼 입선한 온천 모두가 마지막 하루에 몇 만, 몇 십만이나 되는 표를 모은 것이다(그림 4-7). 즉, 조직적인 집표 활동을 지지하는 열의와 자금력이 당락의 열쇠가 되었다고 할 수 있다. 따라서 「고쿠민신문」의 기사나 관련 자료에서 온천지 사람들의 구체적인 활동 모습을 살펴보고자 한다.

3. 각 온천지의 동향

하코네온천

하코네는 2월 중반까지 입선권 내에 위치하지 않고, 당시에는 조용히 바라보고 있었다고 생각된다. 「고쿠민신문」의 지면에서는 1월 18일 오후에 관계자를 모아 협의회를 열고 투표에 관한 이야기를 나누었는데, 하코네등산전차登山電車[2]와의 관계로 일본전력회사도 적극 응원하기로 했다고 기술되어 있다(「고쿠민신문」 1월 19일). 또한 1월 21일의 지면에 하코네는 오랫동안 침묵을 지켜왔지만, 팬으로부터의 투표에 자극을 받아 협의회를 연 결과, 드디어 이 지역 사람으로서 결속하게 되었다고 전하고 있다. 이 시점에 하코네의 순위는 22위로, 득표수는 6227표에 머물러 있었다. 즉, 하코네 같은 저명한 온천이라도 조직적인 집표가 이루어지지 않으면 상위에 들어갈 수 없었던 것이다.

3월 3일 지면에는 "작전의 귀재, 마사키正木진흥회 주사主事가 2일 오전에 은밀하게 상경, 간다神田의 모 여관에 본진을 두고, 도쿄에 거주하는 지역출신 유지들의 규합에 눈부신 활동을 보이고 돌아왔다"라고 전하고 있어, 하코네와 도쿄를 연계한 집표 활동을 전개했다는 것을 알 수 있다. 3월 5일의 지면이 되자 "하코네에서는 우리 회사 맞은편에 집을 빌려 사무실을 설치하고, 연일 분투하는 이시무라石村진흥회 주사를 시작으로 가시와기柏木, 그 외의 몇 명과 함께 목표점을 향해 작전과 활약, 적의 상황을 시찰하며 4일 밤을 거의 철야하였다. 그 맹렬한 운동과 비책은 어떤 거대한 탄환이 되어 쏟아질 것인가?"라고, 맹렬한 추격을 예상하는 기사가 실렸다.

마지막 날의 모습은 도중의 경과도 포함해서 상세하게 보고되었다(「고

2 험준한 산악 지형을 운행할 수 있도록 장치를 갖춘 열차로, 일본에서는 경사도 35도 이상을 운행하는 열차의 경우 특수한 장치를 갖춘 등산열차로 구분하고 있다.

쿠민신문」 3월 6일). 5일 오후 2시 하코네의 순위는 13위였지만, 단숨에 8만 1000표 정도를 모아서 오후 5시에는 7위로 대약진하였다. 그러나 그 이후에 다른 온천의 추격이 있어 오후 11시에는 9위가 되었다. 거기서부터 하코네는 다시 18만 표를 모아 일약 3위로 진출, 마감 15분 전이 되자 "3만, 5만, 10만으로 한 다발로 된 투표용지가 89명의 사람들 손에서 빗속을 뚫고 본사 현관에 일시에 몰려왔고, 굉장한 소리와 함께 책상 위에 산처럼 쌓인 표수. 놀라지 마시라. 69만 5000표"로 금세 1위로 약진, 드디어 남은 2분이 되어 "2만, 3만의 다발. 하코네다. 하코네다. 하코네의 최후의 기습이"라고 마감인 12시 벨이 울리기 전, 최후까지 표를 쌓아올렸다 . 이렇게 해서 "큰 현관에서 접수받는 안팎으로 일시에 환성, 폭발적인 박수, 이 숨막히는 극적인 장면을 뒤로 하고, 3개월에 걸쳐 전국에 경이적인 열전을 연기한 우리의 온천투표는 순조롭게 최후의 막을 내렸다".

1위 당선 통지는 곧바로 하코네에도 알려져, 6일에는 젠잔坐山에 있는 12탕은 물론 오다와라小田原까지 환희에 넘쳤고, "처마 끝에 국기를 게양하거나, 청년단 재향군인이나 초등학생이 행렬을 하는 등 문자대로 추석과 설이 함께 온 이상으로 경사스런 기쁨에 휩싸이게" 되었다.

"즐겁게 공적에 대한 이야기를 나누는 당선 축하회" 등의 기사에서는 '수훈자 하코네진흥회 주사 이시무라 고우사쿠石村幸作', '동同 이사 하라주우조原重藏', '오가와진흥회 회장', '하코네등산철도 부지배인 기타바야시 겐지로北林賢治郎', '이카이猪飼 오다와라역장', '후지자동차 시자와志沢 부장', '이시무라 온천조합장', '시미즈 니치덴日電출장소장'과 같은 관계자의 직책과 이름을 볼 수 있다(「고쿠민신문」 3월 7일). 또한 7일에는 입선 인사와 선전을 위해 각 지방과 촌장을 필두로 온천 관계자 20여 명이 모여, 고라強羅에서 고쿠민신문사를 방문하고, 도쿄의 간선도로를 행진하는 자동차부대를 배웅하였다(「고쿠민신문」 3월 8일). 이처럼 '전국온천16가선'을 둘러싼 하코네의 움직임에서 하코네진흥회를 중심으로 하코네온천여관조합, 교통기관 등의 관련 기업, 지역 자치단체, 주민 모두가 한마음 한뜻으로 힘을 모은 것을 알 수 있다.

그렇다면 '일본신팔경'에서는 움직이지 않았던 하코네가 '전국온천16가선'이라는 이벤트에 이렇게까지 힘을 쏟은 이유는 무엇일까? 그것은 하코네의 국립공원지정 인가운동과 관계되어 있다고 보인다. '전국온천16가선'에서 중심이 되어 활약한 하코네진흥회는 '하코네의 젠잔 온천마을의 번성을' 위해 1926년에 설립되어, 관광 선전뿐만 아니라 도로의 정비나 식수植樹·고적 보존 등의 보승保勝 사업도 담당하였다. 이러한 사업을 통해 오늘날의 하코네 관광의 기초가 확립되었다고 해도 과언이 아닐 것이다(「하코네온천사(箱根温泉史)」, 1986년).

하코네진흥회의 관계자는 국립공원 제정의 움직임을 알게 되자, 손님 유치를 위한 최고의 이슈라고 생각하고, 하코네산이 국립공원으로 지정될 수 있도록 1927년에 가나가와神奈川현을 경유해 제국의회帝國議會에 청원을 넣었다. 또한 1929년경부터 하코네진흥회를 중심으로 한 운동이 한층 더 활성화되어 1930년 1월 21일에는 관민이 일체가 되어 가나가와현의 지사知事를 회장으로 하는 '대大하코네국립공원협회'가 설립되었다(「하코네온천사」, 1986년).

이 협회의 설립은 '전국온천16가선'에 조직적인 대처가 시작되는 시기와 일치하고 있다. 즉 하코네의 온천마을인 젠잔의 7개 지역, 12탕과 행정과 민간기관이 일체가 되는 계기와 더불어 하코네를 내외로 보다 널리 선전해야 했던 필요성이 '전국온천16가선'의 대량 투표로 이어진 것이다. 「고쿠민신문」에서도 '대大하코네국립공원협회'가 설립된 것, 협회는 국립공원의 설정 촉진을 도모하고, 아울러 하코네의 이름을 외국에도 선전하기 위해

그림 4-8 '축 당선'의 자동차를 작은 기로 환영하는 미야자키노 초등학생
(「고쿠민신문」 1930년 3월 7일)

외국인 유치책·유람 계통의 조사 연구, 자료의 수집, 도서·잡지의 간행,
강연회·전람회 개최 등이 예정되어 있다는 것을 전하고 있다(3월 20일 부록
「전국온천16가선 소개호」).

하나마키온천

앞에서 서술한 바와 같이 하나마키는 '일본신팔경'의 이벤트에서 1위, '전국
온천16가선'에서도 2위라는 발군의 집표력을 보였다. 하나마키온천의 개

발 경위는 사사키 유키오佐々木幸夫의 『하나마키온천 이야기花卷溫泉物語(증보판)』에 상세히 적혀 있다. 이에 따르면, 이 개발은 1922년부터 모리오카盛岡 전기공업 사장인 긴다이치 고쿠시金田一国土에 의해서 추진된 '도호쿠의 다카라즈카'를 노린 것이었다. 긴다이치는 모리오카은행 대표·이와테경편철도 사장직에도 있었고, 풍부한 자금을 활용해 이와테의 산업계에 군림한 인물이다.

하나마키온천은 상류에 있는 다이온천에서 온천수를 끌어와 계획적으로 여관이나 대여 별장·공중목욕탕을 배치해서 건설된 곳이었다. 1925년에는 도호쿠선 하나마키역과 하나마키온천을 연결하는 전기철도가 개통되어 20분 정도면 도착할 수 있게 되었다. 동물원·유원지·강연장·각종 상점·테니스 코트·스키장 등이 설치되고 약 2만 평의 온천지가 정비되어 1927년에는 주식회사 하나마키온천의 설립으로 이어졌다. 정갈하게 구획된 거리가 인상적이다(그림 4-9).

이처럼 하나마키온천은 많은 자금을 소비해서 개업했지만 새로 개발된 온천이라는 점 때문에 지명도가 낮았다. 그 이름을 전국적으로 어필하기 위해서 미디어 이벤트를 이용한 것이다. 단, '일본신팔경'의 선정에서는 저명한 온천지에 팔경·25승을 양보할 수밖에 없었지만, '전국온천16가선'에서는 12월 19일에 재빨리 특파원을 상경시켜, '반드시 1위'를 하겠다는 여념 없는 열의와 기민함을 내보였다(「고쿠민신문」 1929년 12월 20일).

또한 하나마키뿐만 아니라 모리오카도 이벤트에 대한 열기를 보여, "어떻게 해서라도 1위를 얻고자 결의를 굳힌 온천 관계 상인연합의 활약은 물론, 모리오카시에서도 나카무라 시장이나 가토리香取 검사, 이키쓰生津 재판장까지 투표의 집표에 큰 힘을 기울이고 있고, 모리오카 하나마치盛岡花街, 하치만八幡, 혼초本町의 미인들은 집을 비워둔 채로 응원하고 있다"라고 보도하고 있다(「고쿠민신문」 1930년 3월 6일 석간).

2위로 입선한 하나마키에서는 그것에 감사하여 3월 10일부터 3개월 간 각 여관 전부 10% 할인, 하나마키온천전차도 20% 할인을 하는 사은행사를 실시하였다. 3월 20일 발행한 부록 「온천 16가선 소개호」에는 3면에 걸쳐 각지를 소개하는 기사가 게재되었지만, 뒤쪽 4면은 광고였다. 이 지면에서는 하나마키가 가장 큰 공간을 차지할 정도로 눈에 띄어서, 선전에 힘을 쏟고 있다는 것을 알 수 있다(그림 4-10).

오이가미온천

29만 표 가깝게 득표해 7위로 입선한 오이가미老神온천은 조에쓰上越선 누마타沼田역에서 동쪽으로 약 16km의 거리에 있다. 이곳에서는 1919년에 원천源泉을 관리하는 오이타온천주식회사가 설립되었다. 당시의 상황을 보면, 입욕객 100명을 수용할 수 있는 가옥 2채를 설치하고, 여관을 겸업하는(『전국온천 광천 관한 조사』, 1923년) 지방의 작은 탕치장이었다. 1930년을 전후로는 가미노유모토上之湯元관·시모노유모토下之湯元관에 더해, 오이가미老神관·아사히朝日관·우에다上田관·스에히로末広관·야마구치山口관과 같은 숙박시설이 정비되었지만, "온천이 그 강가의 모래밭 속에서 용출되어 탕수 저장소는 바위를 도려내 구멍을 뚫거나, 돌로 막아서 그 위에 조잡한 건물식의 지붕을 얹었을 뿐, 대단히 원시적이고 소박 …… 탕수 저장소는 세 군데가 있는데 모두 혼욕이다"라고 소개할 정도로 하코네나 아타미만을 알고 있는 사람들은 놀라서 질릴 정도의 '수천 년의 옛날' 그대로의 공동목욕탕이 사용되고 있었다(『일본 온천안내 동부편(日本温泉案内 東部編)』, 1930년). 오이가미온천은 "교통이 불편하기 때문에 방문객이 매우 적어, 영험하고 효능이 뛰어나지만 일부

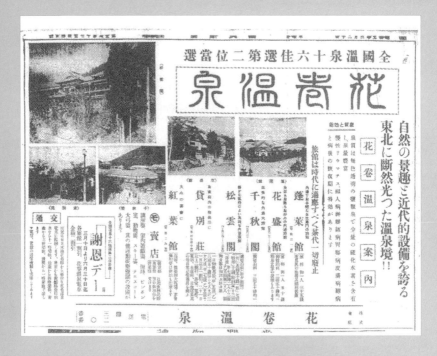

그림 4-9
「일본팔경 최고점 당선 하나마키온천」(부분)
(주식회사 하나마키온천 발행, 1928)

그림 4-10
하나마키온천의 광고(「고쿠민신문」 1930년 3월 20일 부록)

의 근교 사람이 점유하는 곳"이라고 일컬어졌다(「고쿠민신문」 1930년 3월 11일).

이와 같은 지역적인 온천이 어떻게 상위에 입선할 수 있었을까. 1월 20일의 지면에서는 오이가미는 제1회의 압도적 진출로 일약 16가선의 상위를 점하고, 나아가 현지에서는 제2회의 기습을 계획해서, 왕좌를 빼앗을 기세로 준비를 하고 있다. 그 다음날에도 관계자는 각 방면에 활동할 것이고, 3위를 목표로 가까운 회사 당국자가 상경할 것이라고 전하고 있다(「고쿠민신문」 1월 21일).

또한 3월 3일 지면에는 쭉 보이지 않는 곳에서 힘을 쏟고 있던, 동同 지역 출신의 도쿄시의회 의원은 목표에 가까워졌다는 것을 알고 즉시 전면에 나서 맹렬히 운동을 시작했다고 되어 있어, 도쿄에도 세력이 있는 후원자가 있었던 것을 알 수 있다. 그리고 "4일 오전 8시 마에바시역에서 출발한 구와바라桑原 사장 등이 14만 표를 가지고 상경하여 도쿄에 있는 후원회와 함께 도쿄 시타야下谷구 나카네기시中根岸에 사무소를 만들어, 도쿄 모 시의회 의원의 5만 표와 그 밖의 표를 합쳐 단숨에 당선되었다"라고 전하는 기사에서는(「고쿠민신문」 3월 4일) 지방 관계자와 도쿄의 후원회가 협력하며 최종일 투표를 준비하는 모습이 전해졌다.

결국 이 대량의 표가 효과를 발휘하여 상위에 입선된 것이다. 이러한 사람들의 활동 모습을 추측할 수 있는 1장의 사진이 남아 있다.

[그림 4-11]은 입선 축하회 때 촬영한 기념사진이다. 가장 앞 줄의 왼쪽에서 세 번째에 앉은 사람이 구와바라 무쓰오桑原武都雄라는 오이가미온천주식회사 사장으로 '전국온천16가선'에서 중심이 되어 활약한 인물이다.

사람들의 배후에는 '고쿠민신문사 주최 온천투표 기부자'의 팻말이 걸려 있다. 이를 보면, 상단 우측에서부터 '1. 금일 100엔 사장 구와바라 무쓰오', '1. 금일 100엔 오이가미온천주식회사 중역 일동'이라고 되어 있으며,

大室旅館の全景

그림 **4-11** 오이가미에 있어서 입선축하회의 기념사진(구와바라 미유키[桑原美幸] 씨 제공)
그림 **4-12** 오무로온천여관의 전경(도네군 온천조합, 「군마현 도네군 온천분포도」, 1930)
그림 **4-13** 「오도네온천 조감도」(부분/도네군 온천조합, 「군마현 도네군 온천분포도」, 1930)

상단의 32장의 팻말 안에는 3엔의 기부자가 12명으로 가장 많다. 하단 좌측의 4장에도 1엔 50전, 75전의 기부금이 기재되어 있고, 모두 합하면 635엔 25전이 된다. 이때의 관제엽서 가격이 1.5전이었기 때문에 이를 환산하면 4만 2350장분의 기부금이 모인 것을 알 수 있다. 또한 하단 우측 끝의 팻말은 사람과 함께 '1. 삼參'의 문자밖에는 판별할 수 없지만, 두 번째 장의 상부에는 '1. 5000', 세 번째 장부터는 '1. 1500장', '1. 1000장'이라는 것을 볼 수 있어서, 이것들은 기부된 엽서의 매수를 표시하고 있다고 판단된다. 또 기부자의 성명 옆에 누마타沼田·마에바시前橋라는 지명이 붙어 있는 것으로 보아 각 지역의 사람들이 중심이 되었지만 후원자의 원조도 빠뜨릴 수 없었다는 것을 알 수 있다.

오무로온천

23만 표 정도를 얻어서 14위로 입선한 오무로온천은 조에쓰上越선 가미모쿠上牧역으로부터 약 200m 떨어진 곳에 위치하고 있다. 오늘날의 가미모쿠온천의 기초가 된 개발은 1926년의 도네利根강 왼편의 후카쓰켄조深津謙三의 굴착으로 시작되었다. 이것은 도네온천이라 불리었으며, 당초에는 노천온천으로 무료로 개방되었고 다음해에 여관 다쓰미관이 개업하였다. 그러나 1928년에 오무로 오토야大室乙弥가 맞은편을 굴착해 온천을 이용하기 시작하자, 도네온천의 분출이 멈춰 버려 분쟁이 일어났다. 협의 끝에, 쌍방에게 탕을 나누기로 한다(『고메마키마을역사古馬牧村史』, 1972년). 오무로온천은 개발자인 오무로의 이름을 딴 것이다. 『후카쓰大室온천 문제 관계서류深津大室温泉関係書類』(군마현립문서관 소장)에 철해진 문서에 의하면, 오무로 오토야는 1875년생이며 주소는 도쿄시 간다神田구로 되어 있다. 따라서 하나의 신흥 여관에 있는 온천이 입선한 사례가 된다(그림 4-12).

　이 여관에는 온천탕이 설치된 별채가 있어서, 문인이나 정치가 등 저명인이나 신혼 여행객 등의 이용으로 성황을 이루었다고 한다. 철도청의『온천안내』를 보더라도 숙박료가 비교적 높고, 행락·보양의 온천으로 인식되어 있다. 덧붙여 1931년판에서는 '오무로온천·도네온천'이라고 병기되어 있지만, 1940년판에서는 두 곳의 여관을 합쳐서 '가미모쿠온천'이라고 되어 있다. 오무로온천여관은 1940년경에 도쿄의 귀금속상의 손에 넘어가서 경영자가 바뀌었기 때문에, 오무로 오토야에 대해서의 상세한 사항은 명확하지 않다. 아마도 도쿄의 사업가로 1928년 10월에 조에쓰난上越南선이 미즈카미水上까지 연장됨에 따라 투기적으로 온천을 개발한 것이라고 생각된다. 1930년 3월 20일의 「고쿠민신문」에는 "부근에는 공터가 많고, 이미 오늘날에는 땅값도 10배, 20배로 점점 올라 …… 오무로 씨는 약 2만 평의 토지를 싼 가격에 분양해, 온천지의 번영을 도모하기 위해 여관을 개업하는 사람이나 별장지 희망자에게 편의를 주었다고 한다"라고 보도되었다. 단이 계획이 실현된 어떤 형태는 찾아볼 수 없다. '전국온천16가선'으로의 투표도 절호의 선전 기회로 삼아 개인적인 인맥이나 재력을 이용했을 것이라고 사료된다. 현 단계에서는 그 고장 사람들과의 직접적인 연결고리는 확인된 바가 없다. 오이가미온천이나 오무로온천이 적극적으로 '전국온천16가선'에 참가한 배경에는 1931년의 시미즈清水터널의 개통을 근간으로 한 것이 크다고 생각된다.

　즉 조에쓰선의 전 구간 개통을 큰 발전의 기회로 인식하고 미디어 이벤트를 이용했을 것이라고 생각된다. 도네온천조합은 1930년 7월에 「군마현 도네군 온천 분포도」를 발행하였다. 여기에는 앞면에 온천의 분포도, 뒷면에 온천향의 조감도와 각지의 여관 안내가 게재되어 있다(그림 4-13).

그림 속에는 이미 시미즈터널이 기입되어 있으며, 온천과 여관만이 아닌 자동차의 정류장, 각지의 사적史跡·명승지나 스키장의 위치도 표시되어 있다. 또한 오이가미온천과 오무로온천의 안내문에는 '전국16온천 추천 투표'에 당선되어 천하에 그 이름을 알렸다고 기록되어 있다.

교통기관의 발달로 여행이 대중화되어 산간 온천지에도 도시의 행락객이 방문하게 되었다. 그와 함께 많은 관광지가 선전을 시작하면서 치열한 경쟁이 전개되었다. 각지의 온천지도 신구新旧, 대소大小에 관계없이 선전이 필요하게 되었고, 그것이 격렬할 정도로 뜨거웠던 '전국온천16가선'의 투표 열기로 이어졌다고 할 수 있을 것이다.

칼럼3 - 온천 마크의 기원과 보급

온천 마크의 기원에는 여러 가지 설이 있다. 그중 하나는 근세의 마구사바(秣場)논쟁 때에 작성된 임시재판 그림지도에 보이는 온천 묘사가 가장 오래된 것이다. 이 논쟁은 가미이소베(上磯部)마을과 나카노타니(中野谷)마을(현재의 군마현 안나카(安中)시) 사이에서 1661년에 만들어졌다(『안나카시 역사[安中市史] 제5권』, 2002년).

[그림 4-14]에 있는 것처럼, 가미이소베마을의 북서쪽으로 길게 늘어진 수증기가 나오고 있는 두 곳의 욕탕이 그려져 있다. 오늘날에도 이소베온천에서는 온천 마크의 발상지를 기리고 있으며 기념비도 세워져 있다. 하지만 1882년에 출판된 『이소베광천번성기(礒部鉱泉繁盛記)』에 첨부된 「이소베광천지상세도(礒部鉱泉地細見)」라는 지도를 보면, 광천은 우물 '정(井)'자로 표시되어 있어, 지속적으로 온천 마크를 사용해 온 것은 아니다.

또 하나는 참모본부측량과(훗날의 육지측량부)가 작성한 지도에서 처음으로 사용되었다고 하는 설이 있다. 1884년부터 측량이 시작된 「가제(仮製) 2만 분의 1 지형도」의 도식으로서, 세계적 명기호로 일컬어지는 '역해파리 형태'의 온천 기호가 제정되었다(『측량·지도백년사[測量地図百年史]』, 1970년). 이 기호는 같은 시기에 제작된 「집대성 20만 분의 1 지도」에도 채용되어 있다([그림 4-15]).

또한 벳푸의 가메노이호텔의 경영자인 아부라야 구마하치(油屋熊八)가 온천 마크를 고안했다고도 일컬어지고 있다(『벳푸시지[別府市誌]』, 1985년). 그러나 그가 벳푸에서 여관 경영을 시작한 것은 1910년으로, 지도의 기호가 제정된 것이 훨씬 이전이다. 따라서 이것은 아이디어 넘치는 선전 활동으로 알려진 아부라야 구마하치를 둘러싼 전설의 하나라고 할 수 있다.

이하에서는 『측량·지도백년사』를 참조해 지도에 사용되어 온 온천 기호에 대해서 다루어 보기로 하자. 근대적인 측량에 근거한 지도에 사용된 온천 기호로는 내무성 지리국에 의한 「측회도보(測絵図譜)」에 실린 것이 가장 오래되었다. 이 온천 기호는 순수 일본식으로 창안된 것으로 인공욕조보다 수증기를 더 발하고 있는 상태를 나타내고 있다. 축척 500분의 1에서 5000분의 1인 「측회도보」는 1878년에 제작되었다.

참모본부 측량과에서는 2만 분의 1 축척으로 1880년부터 간토의 평야, 1884년부터 간사이의 평야에 대해서 측량을 시작하였다. 전자인 신속측도 기호, 후자인 가제지형도 기호의 양쪽 모두 도식(기호의 일람표)의 제정년도는 명확하지 않지만, 1887년 제작된 것이 남아있다. 간토의 신속지형도에는 온천 기호가 없고, 분천 기호가 있을 뿐이었다. 한편 간사이의 가제지형도에서 처음으로 '역해파리형' 온천 마크가 사용되었다. 단, 이 기호는 온천의 용출구에서 뜨거운 물이 치솟아 오르는 상태를 나타내고 있는 것이었고, 수증기가 나오는 상태로 바뀐 것은 1891년식 기호부터라고 한다(다카기 기쿠사부로[高木菊三郞], 「온천 기호의 지도적 표현[温泉記号の地図表現]」, 1939년). 그렇지만 작은 기호를 비교해 본다고 하더라도 미묘한 표현의 차이는 잘 알 수 없다. 한편 1900년 제정된 도식에서부터 기호의 명칭은 '광천'이 되고, 이것은 1909년과 1917년판에 관한 도식의 개정에서도 계승된다.

그럼 가장 초기에 제작된「정식(正式) 2만 분의 1 지형도」에 기재된 온천 마크 기호의 실례를 보기로 하자. '정식'이라는 것은 삼각측량에 기초해 측도한 지도를 말한다.

[그림 4-16]에 따르면, 하코네 미야노시타(宮ノ下)와 도가시마(堂ヶ島)의 두 곳에서 각각 온천 마크를 확인할 수 있다. 그러나 그 기호는 눈에 띈다고 할 수 없을 뿐만 아니라, 범례 또한 지형도 안에 표시되어 있지 않기 때문에 이러한 그림만으로 온천 마크를 인식하는 것은 어려울지도 모른다. 지형도 안에 범례가 기재된 것은 1909년부터다. 참고로 미야노시타의 온천 마크 바로 근처에 있는 건물이 후지야(富士屋)호텔과 나라야(奈良屋)여관이다. 미야노시타에서는 1883년에 대화재가 있었기 때문에 측도된 1886년은 부흥・발전도상의 시기였다고 한다. 그 후 후지야호텔과 나라야여관은 외국인 관광객 획득을 위해 치열한 경쟁을 벌여 1893년에는 후지야호텔이 외국인, 나라야여관이 내국인을 전문으로 한다고 하는 협정이 체결되었다(도미타 쇼지[富田昭次], 『호텔과 일본근대[ホテルと日本近代]』, 2003년).

다음으로 5만 분의 1 지형도에 기재된 온천 마크의 예로는 [그림 4-17]의 닛코유모토(日光湯元)가 있다.

산간지의 측량은 도시에 비교해서 늦어졌기 때문에 이 1912년의 지형도가 초판이다. 이 지도에 있는 온천 마크 쪽이 조금 더 크고, 식별하기 쉽게 되어 있다. 당시의 오쿠닛코(奧日光)는 1910년에 닛코전기궤도가 닛코역에서 이와노하나(岩ノ鼻)역까지 막 개업한 상태였고, 그곳에서 주젠지코한(中禅寺湖畔)까지의 언덕을 지나 유모토에 이르기까지는 25km 정도를 인력거・가마・도보로 이동해야만 하였다.

전국적인 지형도의 간행이 온천 마크의 정착과 2차적인 이용 촉진에 미친

鑛泉	鑛泉	溫泉	溫泉	溫泉	噴泉

陸地測量部

二萬分一迅速測圖　輯製二十萬分一圖　明治二十八年式二萬分一地形圖圖式　明治二十四年式二萬分一地形圖圖式　明治二十八年式地形圖圖式　明治三十三年式地形圖式　明治四十二年式地形圖式

그림 4-14
1661년의 사이교 그림(부분)
(군마현립역사박물관 소장)

그림 4-15
온천 기호의 변천(다카기 기쿠사부로[高木菊三郎],
「온천 기호의 지도적 표현」, 『온센[溫泉]』 10-9, 1939)

그림 4-16
하코네 미야노시타·도가시마의 2만 분의 1 지형도(2배로 확대)
(「하타주쿠[畑宿]」, 1886년 측도·1887년 제판)

그림 4-17
닛코유모토의 5만 분의 1 지형도(2배로 확대)
(「난다이잔 산」, 1912년 측도·제판)

영향은 상당히 컸다. 민간 가이드북에 수록된 지도에서 온천 마크가 쓰이고 있는 것으로는 1897년의 『시오바라온천 기쇼(紀勝)』가 가장 빠른 예다. 또한 1900년의 『벳쇼(別所)온천지』의 안내지도에서도 온천 마크를 확인할 수 있다([그림 2-7]). 또한 철도원이 1909년에 편찬한 『철도원선연도유람지안내』에 첨부된 철도노선도의 범례에는 공원·폭포·신사·산·해수욕·명소고적·옛 전장·납량지와 함께 온천이 열거되어 있으며, 그 기호로 온천 마크가 사용되고 있다. 이 같이 관제 가이드북에서 온천 마크의 이용이 많아지면서 점점 각지의 온천조합이나 여관의 안내 팸플릿에 거의 대부분 온천 마크를 사용하게 되자 압도적으로 이용하게 되었다.

5장

1930년대(쇼와 전기)의 온천 붐

"온천지의 여관은 원래 탕치를 목적으로 한 것에서 점차 유람, 행락, 위안, 보양 등을 주된 목적으로 하는 형태로 변해 왔다. 이는 여관이 그렇게 한 것이 아니라, 시대, 세태에 따른 것이다. 1920년대 이후 1930년대(다이쇼기)에 걸쳐 특히 이 경향이 두드러지게 되었다는 견해가 있다"(히라야마 다카시[平山崇], 「온천건축 [温泉建築]」, 1941년)고 한다. 이번 장에서는 도쿄의 주변 지역을 사례로 하여, 철도 원·철도성 편찬의 『온천안내』 기재 내용을 분석해 어떠한 온천지가 유람, 행락, 위안, 보양을 주로 하는 여행 목적지로 변용되었는지 살펴보고자 한다.

1. 도쿄 주변 온천지로의 교통수단

교통기관의 충실

1920년대 중반(쇼와 초기) 교통수단 혁신의 핵심은 철도의 전철화·복선화

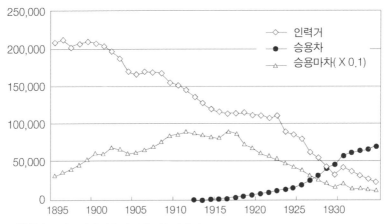

그림 5-1 인력거, 승용마차, 승용차 대수의 추이
(『일본장기통계총람』 제2권에서 작성)

등의 진전에 의한 수송량의 증대, 자동차의 보급으로 근처 역에서 온천지로의 이동이 쉬워진 점을 들 수 있다.

철도수송량은 앞의 [그림 1-10]에 나타난 대로다. 이 가운데 국유철도의 운송 인킬로에 관해서, 1931년 이후는 정기 손님이 4분의 1정도를 차지하고 있다. 또한 1937년 이후, 수송 인킬로가 급증하고 있지만, 이 해를 100으로 한다면, 1944년에는 보통 손님 236, 정기 손님 346이 되었으며, 통근 통학 승객의 수송량이 크게 증가하였다. 그렇다고 해도 보통 승객의 수송량도 계속 증가하고 있었다.

다음으로 [그림 5-1]을 통해 인력거·승용마차·자동차 대수의 추이를 살펴보자. 인력거는 1880년대(메이지 초기)에 급속히 보급되어, 철도와 연계된 중요한 이동수단이 되었다. 그 정점은 1896년의 약 21만 대로, 그 이후에는 줄어들었다. 승용마차가 가장 많았던 것은 1916년의 8976대로, 그 이후 감소로 돌아섰다. 이것들을 대신해 보급된 것이 자동차로, 1921년에는 8000대, 1927년에는 3만 대를 넘어, 1920년대 중반(쇼와) 이후 급증하고 있는 것을 알 수 있다.

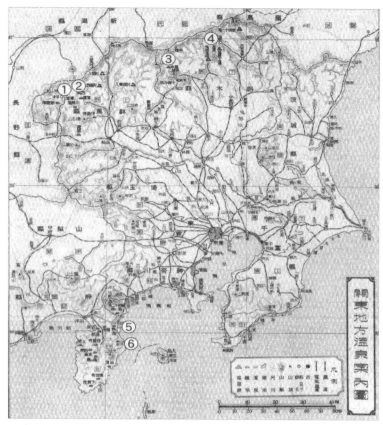

그림 5-2 1930년(쇼와 초기)의 도쿄 주변의 철도망
① 구사쓰 ② 시마 ③ 닛코유모토 ④ 시오바라 ⑤ 아타미 ⑥ 이토. 범례와 크기는 이동하였다.
기본지도는 대일본웅변회강담사 편, 『일본온천안내 동부편』(1930)에 의함

　　다음으로 [그림 5-2]를 통해 온천지에 이르는 철도망을 확인해 두자.
최초의 『온천안내溫泉案內』가 편찬된 1920년 당시에는, 도카이도東海道본선
(현재의 고덴바선[御殿場線] 경유), 신에쓰본선信越本線, 다카사키선高崎線, 도호쿠본
선東北本線, 도기와常磐, 료모선兩毛線, 닛코선日光線, 아시오선足尾線 등의 국유
철도를 축으로, 도부철도東武鐵道도 이세사키伊勢崎, 기류桐生, 사노佐野 방면
으로의 노선을 늘리고 있었다.

군마현에서는 다카사키, 마에바시前橋에서 시부가와渋川까지의 선로가 1910년에 전철화되었으며, 같은 해에 시부가와渋川와 이카호伊香保를 연결하는 이카호전기선로도 개업하였다. 가루이자와軽井沢에서는 1915년에 구사쓰草津軽便경편철도가 부분 개업하고, 1926년에 전기철도로서 전선이 개통되었다. 에치고선은 시미즈清水터널 관통으로 1931년에 미나카미水上와 에치고유자와越後湯沢 간이 연결되었지만, 그 이전은 1921년에 시부가와渋川까지, 1924년에 도로다泥田까지, 1928년에 미나카미까지 운행되고 있었다.

도치기현에서는 1910년에 닛코전기선로가 닛코역 앞에서 이와노하나岩の鼻 간을 개업하고 1913년에 우마가에시馬返까지 연장되었다. 또한 시모쓰케下野(뒤의 시모쓰케전기철도)가 1919년에 이마이치今市에서 후지와라藤原까지 개업하고, 1929년에는 신다카도쿠新高德와 야이타에矢板를 연결하였다. 게다가 같은 해에 도부철도 닛코선이 전선을 개통하여, 닛코日光, 기누가와鬼怒川 방면으로의 철도망이 충실해졌다. 시오바라塩原에는 시오바라궤도가 1915년에 니시나스노西那須野에서 신시오바라 사이를 연결하였고 1921년에는 전철화되어, 다음해에 시오바라구치塩原口까지 연장되었다.

하코네箱根에서는 1888년에 고즈国府에서 오다와라小田原를 거쳐 유모토湯本 간을 달리는 마차철도1로 개업하였고, 1900년에는 전기철도의 영업이 시작되었다. 게다가 1919년에는 고라強羅에 이르는 등산철도가 개통하였다. 신주쿠新宿와 오다하라小田原를 연결하는 오다하라급행철도의 개통은 1927년이다.

이즈伊豆에서는 즈소豆相철도가 1899년에 미시마三島에서 오히토大仁까지 개업하였다. 그 후 슨즈駿豆철도가 되어, 1919년에 전선 전철화가 이루어지고 1924년에 슈젠지修善寺까지 연장되었다. 오다하라에서 아타미熱海 간에는 1909년에 인력철도2에서 증기기관에 의한 운전으로 바뀌었지만, 1923년의 간토대지진關東大地震에 의한 피해로 영업이 정지되었다. 이를 대

표 5-1 도쿄 주변의 주요 온천지로의 교통수단의 변화

① 구사쓰	A	가루이자와역…구사쓰경편철도, 쓰마고이역…마차 1.50엔/말 1인 승마 2엔, 2인 승마 3엔
	B	가루이자와역…구차쓰전기철도, 구사쓰온천역
	C	가루이자와역…구사쓰전기철도, 2.76엔…구사쓰온천역…자동차 0.15엔 가루이자와역…직통자동차 3엔, 하이어 20엔 시부가와역…자동차 3.40엔, 하이어 25엔
	D	시부가와역…관내버스 1.65엔 가루이자와역…구사쓰전기철도 2엔…구사쓰온천역…버스 0.30엔 가루이자와역…버스 1.50엔, 임대자동차 20엔
② 시만	A	다카자키역…전차, 보통 0.35엔, 특등 0.54엔…시부가와 마에바시역…전차,보통 0.30엔, 특등 0.54엔…시부가와 시부가와…승합자동차 1.60엔…나카노조 시부가와…전차 0.11엔…고이자와…마차철도 0.70엔…나카노조 나카노조…마차, 편도 1엔, 왕복 1.80엔/ 승합자동차 3엔, 임대자동차 13엔 / 인력거
	B	시부가와역…전차 0.60엔/ 자동차 0.80엔…나카노조…자동차 1.80엔 / 마차0.60엔 시부가와역…직통자동차 2.50엔
	C	시부가와역…직통자동차 1.80엔 시부가와역…전차 0.60엔…나카노조…자동차 1엔
	D	시부가와역…직통버스 0.95엔 시부가와역…관내버스…나카노조…버스 0.30엔
③ 닛코, 유모토	A	닛코역…인력거 4.50엔/ 전차 0.41엔 / 승합자동차 1엔…우마가에시 우마가에시…인력거…주젠지호…마차 0.60엔/ 인력거 3엔/ 가마2엔
	B	닛코역…전차 0.41엔, 자동차 0.70엔…우마가에시 우마가에시…인력거 3.60엔/ 승합자동차 1.50엔, 임대 7엔…주젠지호…승합 자동차 1엔, 대여 5엔닛코역…대여자동차 15.50엔
	C	닛코역…전차 0.40엔, 자동차 0.50엔…우마가에시 우마가에시 합자동차 1엔, 임대 7엔…주젠지호…승합자동차 0.70엔, 임대 5.50엔 닛코역…임대자동차 12엔
	D	닛코역…버스 2엔, 임대자동차 10엔
④ 시오바라	A	니시나스노역…시오바라궤도, 보통0.55엔, 특등0.85엔…신시오바라역…마 차/인력거 니시나스노역…임대자동차 12엔
	B	니시나스노역…시오바라전차, 보통 0.79엔, 특등 1.02엔…시오바라구치역… 자동차/마차/인력거 니시나스노역…자동차 1.40~1.50엔, 임대자동차 10엔
	C	니시나스노역…시오바라전차 0.50엔…시오바라구치…자동차/마차/인력거 니시나스노역…자동차 1엔

	D	니시나스노역…관내버스 0.43~0.75엔
⑤ 아타미	A	고즈역…오다하라저널, 보통 0.15엔, 특등 0.30엔…오다하라…대일본궤도아타미역, 삼등 0.79엔 고즈역…임대자동차 18엔/기차, 보통 0.95엔
	B	아타미역…자동차 0.20엔, 임대대형 1.50엔, 임대소형 1엔/인력거 0.50엔 도쿄레이강지마…기선, 일등 5.14엔, 이등 2.99엔, 삼등 1.49엔
	C	아타미역…자동차 0.15엔, 임대대형 1.20엔, 임대소형 0.70엔
	D	아타미역…버스 0.10엔, 임대 0.70엔
⑥ 이도	A	미시마역…슨즈철도 오히토역…승합자동차 2.50엔/ 고등마차 7.20엔, 승합마차 1엔/ 인력거 5엔 고즈역…기선, 특등 2.05엔, 보통 1.65엔 고즈역…오다하라전철…오다하라…대일본궤도…아타미…기선, 특등 1.15엔, 특등 0.75엔 도쿄레이강지마…기선, 특등 3.05엔, 보통 2엔
	B	미시마역…슨즈철도슈젠지역…자동차 2.70엔 아타미역…자동차 1.70엔, 임대 14엔/ 기선, 이등 1.67엔, 삼등 0.79엔 도쿄레이강지마…기선, 일등 6.94엔, 이등 3.99엔, 삼등 2.69엔
	C	아타미역…자동차 1.20엔, 임대대형 8엔, 소형 6엔 미시마역…슨즈철도슈젠지역…자동차 1.50엔
	D	이도역…버스 0.10엔, 임대 0.60엔 아타미역…버스 0.80엔 미시마역…슨즈철도슈젠지역…자동차 1.15엔

A: 1920년, B: 1927년, C: 1931년, D: 1940년. 각 년차의 『온천안내』에 의해 작성

신하여 국철 아타미선이 1925년에 아타미까지 개업하였다. 단나舟那터널의 관통에 의해 도카이도東海道본선本線이 아타미를 경유하게 된 것은 1934년으로, [그림 5-2]에서는 미개통 상태로 되어 있다. 국철 이토선이 전부 개통한 것은 1938년까지 기다려야 했다.

온천지로의 교통수단

다음으로『온천안내』에 기재된 교통 안내를 통해 도쿄 주변의 온천지로의 교통수단이 어떻게 변화하였는지 살펴보고자 한다. 구사쓰草津, 시마四万,

닛코유모토日光湯元, 시오바라塩原, 아타미熱海, 이도伊東의 6개소의 온천지를 사례로 [표 5-1]에 정리하였다. 각각의 위치는 [그림 5-2]에 표시하였다.

구사쓰에 가기 위해 1920년에는 쓰마고이嬬恋역으로의 이동은 마차나 말에 의존하였지만, 구사쓰전기철도의 개통에 의해 가루이자와에서의 직통이 가능해졌다. 그리고 1931년에는 가루이자와와 시부가와에서의 자동차 안내가 추가되었다. 1940년에는 시부가와역에서 구사쓰까지 관내버스로는 2시간 반이 걸렸으며, 가루이자와에서 약 3시간이 걸리는 철도보다 우위에 서게 되었다.

시마로 이동할 때는, 1920년에는 전차로 시부가와까지 가서 거기서 전차나 마차철도·자동차 등을 이용해 나카노조에 이르고, 거기서 다시 인력거·마차·자동차를 계속 갈아타야 시마에 도착할 수 있었다. 1927년이 되자, 시부카와에서 전차 또는 자동차로 나카노조에 도착해 자동차를 갈아타거나 시부카와에서 직통 자동차를 이용하는 두 가지 방법이 정착되었다. 기재 순위는 1931년판에서 역전되었고, 1940년판에서는 도쿄전등 시부카와에서 나카노조(구 아즈마궤도) 구간의 폐지와 함께 버스 안내만이 남게 되었다.

닛코유모토로의 이동은 1920년 당시, 우마가에시에서 주젠시코中禅寺湖 간은 인력거밖에 안내되어 있지 않다. 주젠시코부터는 마차·인력거·가마를 이용할 수 있었다. 1927년이 되자 도로의 개수가 진행되어, 전 구간에서 자동차를 이용할 수 있게 되었다. 1931년과 1940년에는 자동차 안내가 거의 대부분을 차지하게 되어, 요금이 오히려 저하되고 있다는 점을 주목하고 싶다.

시오바라에서는 1920년 당시부터 시오바라궤도와 자동차가 경합하고 있었다. 그 후, 시오바라궤도는 전철화되었지만, 1935년에는 폐업을 하게 되었다. 종점 시오바라구치에서 오아미까지는 2km 정도로 거리가

그림 5-3 「닛코시오바라 연락유람명소 교통조감도」(부분)
닛코자동차주식회사가 발행한 것으로, 닛코와 시오바라를 연결하는 버스가 크게 그려져 있다.
(요시다 하쓰사부로[吉田初三郎], 「닛코시오바라안내」, 1929)

가깝지만, 고마치까지는 약 6km, 아라유까지는 약 15km의 거리가 있어
노선 연장이 쉽다는 점이 자동차노선이 남게 된 요인으로 작용하였다.

　　1931년에는 고마치까지는 자동차편밖에 없었지만, 1940년이 되자
니시나스노에서 오아미・후쿠와토・고마치・아라유 등을 거쳐, 가와지・
기누가와까지 가는 관내버스가 운행되기 시작하였다. 이리하여 시오바라
에서는 『곤지키야샤金色夜叉』의 "간이치寬一가 인력거로 다녀온 길도 ……
지금은 22명 정원의 대형 버스가 20km의 길을 40분 정도로 하루에 몇 번이
나 왕복"하게 되어, 도중의 계곡을 이전처럼 감상할 수 없게 되었다. 그래서
그러한 불만을 해소하기 위해 시오바라 탐방 유람마차가 준비되었다(시즈마
에와에[静間和江], 「나스와 시오바라[那須と塩原]」, 1932년). 즉 자동차 시대가 되자 고풍
의 마차가 유람용으로 다시 활용된 것이다.

　　아타미로의 이동은 1920년에는 도카이도본선 고즈역에서 철도를

갈아타든지, 자동차나 기선을 이용해 이동해야 했다. 그 후 1925년 국철 아타미역의 개업으로 도쿄에서 직통이 가능해졌다. 단 1927년에는 기선의 안내가 아직 남아 있었다. 그리고 1934년에는 도카이도본선의 일부가 되어, 도카이東海, 간사이関西 방면에서 손님을 맞이하는 것도 쉬워졌다.

이토는 1890년대 이후 시모다로 향하는 항로의 기항지가 되었는데 정기적인 교통기관으로서는 처음이었다. 1920년에는 슨즈철도 오히토역에서 육로로 이동하거나 도쿄, 고즈, 아타미에서 기선을 이용하도록 안내되어 있다. 1927년에는 아타미에서도 자동차로 갈 수 있게 되었지만, 아직 기선의 이용도 남아 있었다. 1931년이 되자, 아타미와 슈젠지修善寺에서 가는 자동차의 안내만이 남게 되고, 1940년에는 국철 이토선의 개통 정보가 추가되었다.

이와 같이 교통수단의 개선에 의해 1930년을 전후한 시기에는 도쿄에서 각지의 온천지로 하루에 이동할 수 있게 되었다. 산간의 온천지라도 아침 일찍 출발하면 저녁에는 숙소에 도착한다는 점이 『온천안내』에 계속해서 강조되어 있으며, 온천 유람의 행락적 요소가 높아져 갔다.

2. 『온천안내』에 의한 온천지의 분석

『온천안내』에 나타난 '특색'

1931년판 『온천안내』의 일러두기에는 "종래의 온천 이용 상태를 보면 요양을 목적으로 한 것과 행락 유람을 주로 하는 것의 양자가 있지만, 그 대부분은 행락적인 것으로 그중에서도 교통이 매우 편리한 온천장은 도회지의 유곽의 연장으로 보이는 곳도 적지 않다. 그 때문에 이용자의 편리를 도모하여 '특색'란을 마련하고 알아볼 수 있도록 색별로 구별하는 것에 힘썼다"라고 기술해 놓았다. 즉 각각의 온천지별로 '요양'과 '행락' 중 어느 쪽의 경향이 강한지를 구분하여 '특색'으로 기재하려고 했던 것이다. 이것은 1920년판·1927년판에서는 볼 수 없는 정보다.

또한 권말에는 효능 일람표를 게재해, 효능별로 전국 각지의 온천지를 검색할 수 있도록 고안되어 있다. 덧붙이자면, 그 효능이라는 것은 "뇌병腦病·신경통·류마티스·위장병·호흡기병·중풍·척수병·피부병·소아병·부인병·치질·각기병·성병·화상·외상·눈병·정신병·신장병·인후병·(피부)색을 하얗게 해주는 탕"이라고 열거되어 있으며, 다양한 종류에 걸친 병에서 자식子宝, 미백 효과가 있는 탕에 이르기까지 매우 광범위하다. 게다가 일람표에는 '온천정보·피서·피안·독서·해수욕·등산준비·스키·스케이트·꽃의 명소·단풍'의 항목도 있다. 『온천안내』에서는 온천의 효능뿐만 아니라, 피서·해수욕·등산·스키·스케이트 등을 새로운 관광 투어의 구성요소로서 중시한 것을 알 수 있다.

한편 1940년판의 일러두기에서는 "종래의 온천 이용 상태를 보면, 요양을 목적으로 한 것과 보양과 위안을 주로 한 것으로 크게 구별되어 있다. 때문에 이들 이용자의 편의를 도모하여 특색란을 요양용과 보양용, 위안용으로 나누어 보았다"라고 바뀌어 있다. 이 판에서는 '행락' 대신에 '보양'과 '위안'이 사용되었으며, 권말의 효용 일람표도 '온천정보'에서 '보양·위안'으로 변경되었다.

[표 5-2]는 『온천안내』의 특색란과 권말의 효용 일람표 중 '온천상태' 이하의 항목을 들어, 각각의 온천지의 특색을 정리한 것이다. 특색의 편성은 기재 순서를 따랐다. 이 표를 보면서 『온천안내』의 각 판에 어떠한 온천

지가 채록되어 있는지를 확인하면서 특색란을 분석하고자 한다.

군마의 온천지

1920년판에서는 '철도에서 너무 떨어진 온천, 여관의 설비가 없는 온천' 등은 수록되어 있지 않다. 그 때문에 군마현에서는 11개소가(재건 중인 가자와[鹿沢]온천을 포함) 기록되어 있을 뿐이었다(표 5-2). 가자와 항목에서는 1917년에 여관 하나를 남겨 두고 말끔히 정비하여 현재 재건 중이라고 되어 있다. 1927년판이 되자, 기재된 온천지는 30개소로 급증하였다. 특히 군마현 북동부를 차지하는 도네군利根郡에서의 신규 기재가 눈에 띈다. 단 아직 여인숙밖에 없었던 곳도 보이며, "도네군에는 사람이 그다지 가지 않는 온천이 다수 있다. 여하튼 이것들은 도시인들을 만족시킬 수 있는 설비는 없지만 편안하고, 경제적이며, 또 아름다운 경치에도 버리기 어려운 맛이 있다. 따라서 조용한 휴양을 목적으로 하는 분이나, 공부를 하러 오시는 분에게는 좋을 것이다"라고 소개되어 있다.

1931년판에서는 37개소가 되어, 아즈마·도네 모두 온천지가 더욱 증가하고 있다. "이러한 벽지임에도 불구하고 온천 순회에는 자동차를 상당히 이용할 수가 있었다"라고 되어 있으며, 가미모쿠上牧(이 판에서는 오무로[大室]·도네[利根]라고 병기) 외에 시로네白根, 가구사香草, 하나시키花敷 등이 추가되어 있다. 37개소의 온천지 중 요양만을 특색으로 하는 곳은 17개소로 약 반수를 차지하였다. 그리고 요양을 처음에 기재하고 행락과 피서·스키 등을 편성하고 있는 온천지도 17개소로 같은 수다. 반대로 행락에 요양을 편성하고 있는 것은 유하라(나중의 미나카미), 가미모쿠, 니시나가오카西長岡의 3개소에 지나지 않는다. 앞의 2개소는 조에쓰선의 개통에 의해 번영하게 된 온천지다.

표 5-2 『온천안내』로 보는 온천지 특색의 변화(군마현)

온천명	시군	A	B	1931년	1940년
이소베*	우스이	○	○	요양	요양·보양
기리즈미	"		○	요양	요양
고우센자와*	"		○	요양	요양
유자와*	"			요양	(기재없음)
이카호	군마	○	○	요양·행락·피서(스케이트)	요양·행락·피서(스케이트)
소우샤*	"		○	요양·하계행락	요양·하계보양
구사쓰	아즈마	○	○	요양·행락(온천정보·스키)	보양·요양(스키)
시만	"	○	○	요양·(피서)	요양·보양·피서
가와하라유	"	○	○	요양·(단풍)	요양·보양·(단풍)
사와타리	"	○	○	요양	요양
시카자와	"	○	○	요양·(피서)	요양·보양·(피서)
오쓰카	"		○	요양	요양
하도노유	"		○	요양·(독서)	요양
가와나카	"		○	요양	요양
마쓰노유	"		○	요양	요양
만좌	"			요양·피서·(등산준비)	요양·피서·(등산준비)
가구사	"			요양·자외선요양	요양·자외선요양
하나시키	"			요양	양
신시카자와	"			(시카자와의 항목에 기재)	보양·요양·(피서)
시리야키	"				요양
야쿠시	"				요양·(독서)
오이가미	도네		○	요양	요양
유주쿠	"		○	요양	요양
유하라	"		○	행락·보양	보양·요양
유비소	"		○	요양·(피서·스키)	요양·(피서·스키)
가와바	"		○	요양	요양
다니가와	"		○	요양·행락(피서·스키)	보양·요양·(피서·스키)
호우시	"		○	요양·(피서·독서)	요양·(피서·독서)
아나바라	"		○	요양	요양
유시마	"		○	요양·(피서·독서)	요양·(피서·독서)
유노고야	"		○	요양·하계등산(피서)	요양·하계등산(피서)
다카라가와	"		○	요양·(피서)	요양·피서
가와후루	"		○	요양	요양
가미모쿠	"			행락·요양	보양
시로네	"			요양	요양
사사노유	"			요양	요양
오아나	"				보양
마루누마	"				요양·보양
세키바	"				요양
가타시나	"				요양
나메사와*	"				요양
야부쓰카*	닛타	○	○	요양·행락	보양·요양
니시나가오카	"		○	행락·요양	보양·요양

나시기* 유노자와 다키자와*	세타 " "	○	○	요양·(피서·독서)	요양·(피서) 요양·피서 요양·피서
야시오*	다노		○	요양	요양
긴잔소우*	다카자키				보양

A란에는 1920년판, B란에는 1927년판에 채록되어 있는 것에 ○를 하였다.
특색란의 ( )의 기재는 권말의 효용 일람표에서 발췌. 온천명은 1940년판을 기준으로 하였다.
*은 광천을 표시한 것으로, 『온천안내』에서는 가열하여 목욕용으로 만든 것을 말한다.

1940년판에서는 더욱 증가하여 47개소가 되었다. 이들 온천지 중 요양만을 하는 곳이 20개소, 요양을 주로 하는 곳이 16개소, 보양을 주로 하는 곳이 8개소, 보양만을 하는 곳이 가미모쿠, 오아나大穴, 니시키야마錦山莊의 3개소로 분류되어 있다. 그 사이에 보양을 특색으로 하는 온천지의 비율이 높아진 것을 알 수 있다. 이카호와 구사쓰 등에서도 요양과 보양의 기재 순위가 역전되었다. 1940년판의 구사쓰 항목에는, 이곳은 지금까지 치료의 장소로만 여겨졌지만 최근에는 유람지로서의 시설도 갖추고 있으며, 겨울은 스키가 적합한 곳으로 알려져 있다고 소개하였다. 또 이카호의 항목에서는 이카호를 만끽하는 자들은 반드시 하루나산榛名山에 항상 오른다며, 1929년에 개통한 케이블카를 언급하고 있다.

도치기의 온천지

1920년판에서는 닛코유모토日光湯元·시오바라의 10온천탕塩原十湯·나스의 7온천탕那須七湯의 18개소(숙박이 없는 모토유와 시오가마[塩釜]를 포함)가 게재되어 있다(표 5-3). 시오바라의 유모토 항목에는 옛날에는 목욕하러 오는 손님으로 번성한 지역이었지만, 1659년의 지진으로, 인가 및 온천이 붕괴되고 주민이 흩어져 현재의 상태가 되었다는 기술이 있다. 1927년판에서는 22개소로

표 5-3 『온천안내』로 보는 온천지 특색의 변화(도치기현)

온천명	시군	A	B	1931년	1940년
닛코유모토	가미쓰가	○	○	행락 · 요양 · 피서 · 등산탐승	행락 · 요양 · 피서 · 등산탐승
오아미	시오야	○	○	요양 · 행락	보양 · 요양
후쿠와타	〃	○	○	행락 · 요양	보양 · 요양
시오가마	〃	○	○	요양 · 행락	보양 · 요양
시오노유	〃	○	○	행락 · 피서 · 요양	보양 · 요양 · 피서
하타오리	〃	○	○	요양 · 행락	보양 · 요양
몬젠	〃	○	○	요양 · 행락	요양 · 보양
후루마치	〃	○	○	요양 · 행락	요양 · 보양
스마키	〃	○	○	요양 · 행락	요양 · 보양
신유	〃	○	○	요양 · 등산 · 스키(독서)	요양 · 등산 · 스키
모토유	〃		○	요양 · 피서(독서)	요양 · 피서
소데가사와	〃			요양 · 행락	보양 · 요양
기누가와	〃		○	요양 · 행락· 탐승	보양 · 위안
가와지	〃		○	요양 · 행락	보양 · 요양
유니시가와	〃		○	요양 · 행락	요양 · 피서
가와마타	〃			요양 · 탐승(등산준비)	요양 · 탐승 · (등산준비)
핫초	〃				요양
닛코자와	〃				요양
유모토	나스	○	○	요양 · 행락	보양 · 요양
다카오덴	〃	○	○	행락 · 피서 · 요양	보양 · 요양 · 피서
벤덴	〃	○	○	요양 · 피서	요양 · 피서
오마루	〃	○	○	행락 · 요양 · 피서	보양 · 요양 · 피서
기타	〃	○	○	요양	요양 · 피서
산도고야	〃	○	○	요양 · 피서 · 등산(독서)	요양 · 피서 · 등산(독서)
이타무로	〃		○	요양(온천정보)	요양
신나스	〃			행락	보양
야하타	〃			행락 · 요양 · 피서	보양 · 요양 · 피서
아사히	〃				요양 · 피서
갓고	〃				요양
이모리	〃				요양

A란에는 1920년판, B란에는 1927년판에 채록되어 있는 것에 ○를 하였다.

증가하여 기누가와鬼怒川 유역의 기누가와 · 가와지川治 · 유니시가와湯西川와 1923년에 오마루大丸에서 온천물을 끌어들여 개발한 신나스新那須가 기재되었다. 닛코유모토의 항목은 "일대의 풍경이 '일본의 스위스'라고 불릴 정도로 평가가 높고, 봄의 철쭉, 진달래, 가을의 아름다운 단풍, 겨울의 스키, 스케이트 모두 흥을 더하고 있다"라고 기술한 것으로 보아, 연중 행락지로 변모한 상황을 엿볼 수 있다.

1931년판에서는 25개소와 3개소로 증가한 것에 그치고 있다. 이들의 온천지 중 요양만을 특색으로 한 곳은 북쪽의 한 개소뿐이며, 요양에 행락 등을 편성한 곳이 17개소로 가장 많다. 행락을 주로 하는 곳은 닛코유모토 등의 6개소이며, 신나스에서는 행락만을 특색으로 하고 있다. 이와 같이 군마현에 비해 도치기栃木현에서는 행락을 특색으로 하는 온천지가 상당히 눈에 띈다. 시오바라의 항목에서는 예로부터 시오바라 10온천탕塩原十湯이라고 일컬어 왔지만, 근년 소데가자와袖ヶ沢를 더하게 되었다는 것과 후루마치古町·몬젠門前이 시오바라의 온천 중 가장 번영하여 도시화되었으며, 후쿠와타福渡戸는 큰 여관이 늘어서 있으며 모두 옥내 목욕탕인 우치유内湯가 설비되어 있다는 것이 기술되어 있다. 나스의 항목에서는 아사히旭·야하타八幡·이모리飯盛·신나스新那須를 더하여 나스 11온천탕이 되어 있으며, 유모토가 가장 번화殷賑한 곳이라고 되어 있다.

1940년판에서는 30개소가 되었다. 오구닛코奥日光의 핫초八丁·닛코자와와 함께 에도 산장의 숙박이 있으며, 노천탕이 있다고 되어 있다. 표에 있는 것처럼 요양만 하고 있는 곳이 5개소로 증가하고 있다. 다만 이타무로板室 이외의 4개소는 이 판에서 새롭게 게재된 곳이다. 그리고 요양을 주로 하는 곳이 11개소로 감소한 것에 비해, 보양을 주로 하는 곳은 13개소로 배로 증가하였다. 보양만 하는 곳은 신나스 1개소로, 교통이 편리하고 전망과 설비가 좋아서 급격히 발전하였으며, 유모토에 버금가는 온천장이 되어 많은 별장지가 개발되었다고 기록되어 있다. 전체적으로 볼 때, 보양을 특색으로 하는 온천지의 비율이 높아지고 있었다. 그중에서도 기누가와鬼怒川온천은 요양·행락·탐방이라는 특색이 보양·위안으로 변했다. 기누가와의 항목에서는 기누가와 계곡을 따라 넓고 으리으리한 여관이 세워졌으며,

표 5-4 『온천안내』로 보는 온천지 특색의 변화(하코네)

온천명	시군	A	B	1931	1940
유모토		○	○	행락·(온천정보)	보양·위안
도노사와		○	○	행락·(온천정보)	보양·위안
미야노시타		○	○	행락	보양·위안
소코쿠라		○	○	행락	보양·위안
도가시마		○	○	행락·요양	위안·보양
기가		○	○	행락	보양·위안
아시노유		○	○	행락·요양	위안·보양
고와키다니	아시가라시모	○	○	행락·(벚꽃의 명소)	보양·위안·(벚꽃의 명소)
고우라		○	○	행락·(온천정보·피서)	보양·위안(피서)
우바코		○	○	행락·요양	위안·보양
센코구하라				행락·(피서)	보양·위안(피서)
모토하코네					보양
유가와라		○	○	행락·요양·(온천정보)	위양·보양
히로가와라					위안·보양
몬가와					위안

A란에는 1920년판, B란에는 1927년판에 채록되어 있는 것에 ○를 하였다.

여관에서는 계곡의 물길이 기암괴석에 부딪치며 격렬하게 흐르는 모습을 지켜볼 수 있다. 기누가와온천의 이름도 1920년대 중반 이후(쇼와시대)에 지어진 것으로, "시모쓰게전철의 영업으로 온천 손님이 급증하여 현재는 1년 동안에 약 20만 명의 손님이 찾아오게 되었다"라며 급속히 발전하고 있는 상황을 언급하고 있다([그림 5-4]).

하코네의 온천지

하코네箱根에서는 1920년판에서 1931년판까지 11개소로 변화가 없다([표 5-4]). 이외에 같은 군내에는 유가하라湯河原가 위치하고 있다. 에도시대에 '하코네 7온천탕'이라고 불리던 곳은 유모토·도노사와塔ノ沢·미야노시타宮ノ下·소코구라底倉·도가시마堂ヶ島·기가木賀·아시노유芦ノ湯로, 근대에 접어들어 새롭게 개발된 곳이 더해져 '하코네 12온천탕'이 되었다. 12온천탕 중에서

그림 5-4
「기누가와(鬼怒川)온천」의 조감도(부분)
(마쓰이 덴잔, 「다이닛코국립공원 후보지 기누가와계곡온
천지조감」, 1931)

그림 5-5
하코네의 안내도
(하코네진흥회에서 발행한 광고지에서)

유노하나자와湯ノ花沢温泉의 기재는 빠져 있다. 1920년판에는 "하코네만큼 교통기관이 잘 정비되어 있는 곳은 없다. 자동차로 산중을 달릴 수 있는 곳도 이하코네의 산뿐이다. 자동차 외에 마차도 있으며, 인력거는 물론 옛 정취를 떠올리게 하는 가마도 있고, 외국인의 취향에 맞춘 체어(의자)도 있다"고 기록되어 있다. '체어(의자)'란 의자에 2개의 나무를 걸쳐 4명이서 지는 타는 의자(가마)를 말한다.

1931년판을 보면, 행락을 주로 하는 곳이 9개소, 행락만을 하는 곳이 3개소로, 모두 온천지 행락을 특색으로 하고 있다. 요양을 겸하는 곳은 도가시마·아시노유·우바코姥子·유가하라뿐이었다. 이 당시 도카이도본선은 고우즈國府津에서 '하코네의 외륜산을 빙빙 돌아 일주하면 미시마를 향해 달리는' 고덴온천御殿湯 경유였다. 안내에서는 센고구하라仙石原에서 오토메도게女峠와 나가오도게長尾峠를 넘어서 고덴온천으로 가는 도중에 본 후지산의 아름다운 경치가 강조되어져 있다.

1940년판에서는 하코네에서 1개소, 유가하라 근방에서 2개소가 추가되었지만, 다른 지역과 비교해 보면 변화는 적다. 그만큼 일찍부터 개발이 진행되었기 때문일 것이다. 그리고 요양을 특색으로 추가한 곳은 1개소도 없으며, 보양을 주로 하는 곳이 8개소, 보양만을 하는 곳이 모토하코네 1개소가 되었다. 눈에 띄는 것은 위안을 특색으로 하는 온천지의 존재다. 특색란에 위안이 기재되지 않은 곳은 모토하코네뿐으로, 위안을 주로 하는 곳이 증가하고 있었다.

이즈의 온천지

이즈伊豆에서는 1920년판·1927년판 모두 17개소가 기재되어 있다(표 5-5).

표 5-5 『온천안내』로 보는 온천지 특색의 변화(이즈)

온천명	시군	A	B	1931년	1940년
아타미	아타미	○	○	행락 · (피한 · 해수욕 · 매화명소)	위안 · (피한 · 해수욕 · 매화명소)
이즈산	"		○	행락 · (피한 · 해수욕)	위안 · 보양 · (피한 · 해수욕)
아지로	"				보양
이도	다가타	○	○	행락 · 보양 · (온천정보 · 피서 · 해수욕)	위안 · 보양 · (피한 · 해수욕)
하다케	"		○	요양 · 행락 · (피한)	보양 · 위안 · (피한)
고나	"		○	요양 · 행락 · (피한)	보양 · 위안 · (피한)
나가오카	"		○	행락 · 요양 · (피한)	위안 · 보양 · (피한)
슈젠지	"		○	요양 · 행락 · (피한)	보양 · 위안 · (피한)
후나바라	"		○	요양 · 행락	보양
도이	"		○	요양 · (피한 · 독서 · 해수욕)	보양 · 요양 · 피서 · 피한 · (독서 · 해수욕)
요시나	"		○	요양 · (피한)	보양 · 요양 · (피한)
유가시마	"		○	요양 · (피한)	보양 · (피한)
사가사와	"			요양	보양
미시마	"				위안 · 보양
니라야마	"				위안 · 보양
오히토	"				위안 · 보양
야구마	"				보양
쓰키가세	"				보양
아타가와	가모	○	○	요양 · (피한 · 독서 · 해수욕)	보양 · 피서 · (피한 · 독서 · 해수욕)
야쓰	"	○	○	요양 · (피한)	보양 · 피서 · (피한)
유가노	"	○	○	요양 · 행락 · (피한)	보양 · (피한)
가와치	"	○	○	행락 · (피한)	보양 · (피한)
렌다이지	"	○	○	행락 · (피한)	위안 · 보양 · (피한)
시모가모	"	○	○	요양 · 행락 · (피한)	보양 · 위한 · (피한)
미네	"			요양 · (피한)	보양 · 피서 · (피한)
가타세	"				보양 · 피서
미다카	"				보양 · 피서 · (피한)
이마이하마	"				보양 · 피서
시모다	"				보양 · 위안

A란에는 1920년, B란에는 1927년판에 채록되어 있는 것에 ○를 하였다.

1920년판에는 "오쿠이즈_{奥伊豆} 일대의 지역은 교통편이 충분히 정비되어 있지 않기 때문에, 도시인을 보는 경우가 적었지만, 학생들과 여행을 좋아하는 사람들이 짚신을 신고 산수를 돌아다니며 조용하게 온천에 들어가기에는 적당한 곳"이라고 적혀 있다.

1931년판에서는 "현재는 자동차도로가 발달해, 연안을 순항하는 기선편과 함께 거의 도보를 하지 않아도 온천 유람을 할 수 있기 때문에 ……

유람을 겸한 입욕객이 점차 증가하고 있다"고 기록되어 있다. [그림 5-6]에서
도 '요양과 유람에 적합한 온천 고장'이라고 선전하고 있다. 단 온천지 기재는
사가사와嵯峨沢와 미네峰 2개소를 추가하는 정도에 지나지 않았다. 19개소의
온천지 중 요양만 하는 곳이나 요양을 주로 하는 곳이 13개소, 행락만을 하는
곳이나 행락을 주로 하는 곳이 6개소로 되어 있어, 하코네와 비교해 볼 때,
요양을 특색으로 하는 온천지의 비율이 높게 나타나고 있다. 또한 피한避寒과
해수욕을 특색으로 추가한 곳도 많았다.

　　1940년판에서는 가와치河內에서 끌어올린 시모다下田, 미네峰에서 끌
어올린 이마이하마今井浜·미타카見高 등의 동해안의 온천지와 반도 중앙을
흐르는 가노가와狩野川 유역의 니라산韮山·오히토大仁·쓰키가세月ヶ瀬 등 새
로운 10개소를 기재해 놓았다.

　　1938년의 이도선伊東線 전 구간 개통을 전후로, 이즈에서는 "매년 어딘
가 한 개나 두 개의 신 온천이 솟아나지 않는 곳이 없으며, 온천여관이 신축
되지 않은 곳이 없었다"라고 한다(사카모토 린고[酒本麟吾], 「신판 이즈온천풍경[新版伊
豆温泉風景]」, 1939년). 사카모토의 보고에는 가타세片瀬에서 1932년에 온천이
솟아나고 나서 온천 숙소가 4채 생긴 것, 미다카에서는 홋카이도 노보리베
쓰北海道登別의 여관 경영자가 온천여관을 세운 것, 오히토에서는 제국산금
흥업帝國産金興業이 광산 경영의 부산물로서 온천을 찾아냈다는 것 등이 기록
되어 있다. 그리고 1940년판에 있는 29개소의 온천지 중, 요양을 특색으로
추가된 곳은 도이土肥와 요시나吉奈뿐이었고, 보양을 주로 하는 곳이 16개소
로 가장 많았으며, 보양만을 하는 곳이 5개소, 위안을 주로 하는 곳이 8개소
가 되었다. 신흥 온천지에서도 교통편이 편리한 미시마, 니라야마, 오히토
에서는 위안·보양이 편성되어 있었다.

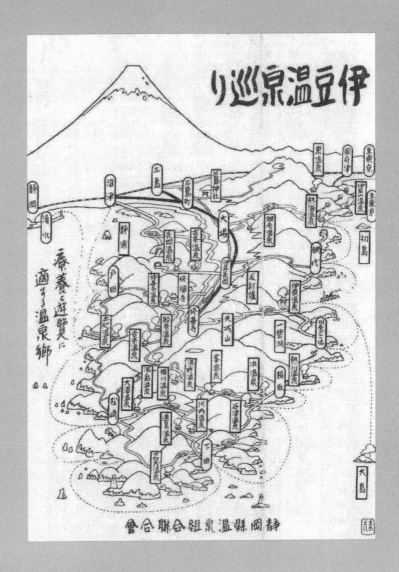

그림 5-6
이즈의 온천 순회(시즈오카현온천조합연합회 발행의 광고, 1931)

그림 5-7 여관 광고(『온천대감』, 1935)

지역에 의한 '특색'의 차이

『온천안내』에 새롭게 기재된 온천지는 군마·도치기에서는 보다 산간에 위치하고 있었다. 이러한 장소가 각광을 받게 된 것은 등산과 하이킹, 스키 등이 유행한 것과도 관계가 있다. 예를 들어, 미나카미水上역이 생길 무렵, 짚으로 된 여인숙이었던 유바라, 고히나타小日向가 현재는 멋진 온천으로 탈바꿈해 사계절 내내 만원을 이루며, 특히 전혀 손님이 없었던 겨울은 발 디딜 틈이 없을 정도로 성황하니, 이것 역시 스키가 유행하게 된 덕이라고 보고되어 있다(야마노 다비시로山野旅四朗, 「점프하는 미나카미온천ジャンプの水上温泉」, 1935년). 『온천안내』에서도 구사쓰시라네草津白根산, 오제尾瀬, 닛코시라네日光白根산, 기누가와계곡鬼怒川渓谷渓谷, 나스那須 등으로 등산·탐방과 각지의 스키장이

소개되어 있다. 한편 이즈에서는 새로운 원천의 굴착으로 온천수를 끌어올려 개발된 온천지가 많았다. 이것은 굴착과 온천수를 끌어올리는 기술이 향상됨으로써 가능하게 된 것이라고 할 수 있다.

특색란의 분석에서 군마현의 온천지에서는 대부분이 전통적인 탕치의 요소를 남기고 있으며, 요양을 특색으로 하는 온천지가 중심이었던 것에 비해 도치기현의 온천지에서는 대부분이 행락과 보양이라는 특색을 강조하고 있다는 것을 알 수 있었다. 또한 하코네와 이즈의 온천지에서는 요양을 특색으로 하는 곳이 1940년판에서는 크게 감소하여, 보양·위안이 대부분을 차지하게 되었다.

다음으로 1935년에 간행된 『온천대감』에 게재된 여관의 광고를 살펴보자(그림 5-7). 그림 왼쪽이 구사쓰의 것이다.

"요양 중심", "용출구 직접 실내탕"라는 광고를 실은 구사쓰여관은 당시 객실이 18개로 40~60명을 수용할 수 있는 중간 규모의 여관이었다. 이에 비해 "본 여관은 유람, 정양靜養용이며, 별관은 요양과 체재용", "욕실은 청결, 대소 10개, 혼욕혼잡은 절대 없습니다"라는 광고를 게재한 이치이一井여관은 객실이 62개로 200~400명을 수용할 수 있는 최대 규모의 여관이었다. 구사쓰를 방문하는 사람들이 유람객과 탕치객으로 분화되고 있었다는 것이 여관의 형태에서도 나타난다. 또한 오른쪽 아래는 가와지온천호텔의 것으로 당시 객실 123개로 380~500명을 수용할 수 있는 큰 규모를 가지고 있었다. "대자연 암반욕실 5개를 독점하여 내부 온천은 항상 온천을 할 수 있도록 설비되어 있다", "연회장을 나누지 않고 130조疊의 무대 설치", "식당·오락실·사격장·테니스 코트·배 대여 등"이라는 광고를 보면, 어떤 식으로 모든 시설이 호텔 내에 완비되어 있었는지를 알 수 있다.

1940년판에 사용되고 있는 '보양'과 '위안'의 구별은 일러두기에 적

힌 것 외에는 아무것도 설명되어 있지 않다. 간토 지방의 온천지를 보면,
보양·위안 혹은 위안·보양이라고 되어 있는 곳이 각지에서 보인다. 그러
나 본문 안의 특색란에 단순히 위안용이라고 되어 있는 곳은 표에서 아타
미와 가도가와聞川뿐으로, 이 외에는 보소반도3房総半島에   **3** 간토 지방 남동부의 반도.
위치한 도우가네東金·기사라즈木更津라듐·오누키大貫·사누
키佐貫·다카사키高崎·다이테스大鉄의 6개의 광천이 해당된다. 일본온천협회
의 월간지『온센溫泉』에 보이는 다음 기사를 보면 '위안'이 의미하는 것을 알
수 있을 것이다.

> 보소4의 광천이라고 하면, 직접 이른바 '여자를 데리고 들어   **4** 지바현(千葉県)을 말함.
> 가는 곳'이라고 인식되는 것은, 지역 주민들로서는 받아들일
> 수 없는 부분이 있다. 온천과 온유시설이 밀접한 관계가 있다고는 하나, 너무
> 실제 이상으로 평가된 경향이 있다. 그 광천의 효능은 상당히 현저한 것이
> 있기 때문에 요양과 행락 모두에게 적합하다는 점을 대대적으로 과시할 필요
> 가 있다(무서명[無署名], 「온천왕래[溫泉往來]」, 1932년).

아타미의 화류가

만주사변 후에 일시적인 군수경기를 타고 아타미에서는 '관능적인 향락지
로서의 아타미'가 형성되었다고 하며(『아타미시사[熱海市史] 하권』, 1968년), 1932
년에는 아타미예기조합이, 다음해에는 아타미카페조합이 설립되었다.
『온천안내』에 나타난 '위안'이라는 특색은 향락 유흥색이   **5** 도카이도본선의 아타미,
강하게 반영된 것으로 생각된다.   간나미 사이의 터널(1934년
                                                         개통).
  아타미초町 관청 관광과가 단나丹那터널5 개통을 기념

하여 1934년에 발행한 유람 안내서인 『아타미熱海』에서는 다음과 같이 '아타미 화류가'를 안내하고 있다.

아타미는 현재 70여 개의 요리점에서 350여의 급사를 고용하고 있고, 40여 개의 예기 대기소에는 100여 명의 예기가 있으며, 그 외 2.5평 크기의 10여 개의 요정이 있어 현악기의 풍류를 즐기며, 20여 개의 카페에는 50여 명의 여급이 있어 친절한 서비스를 하는 등 류안카메이(柳暗花明,[6] 화류계를 말함 —저자주)에서의 환락이 자유다. 그중에서도 이도가와 주변의 아라주쿠(荒宿), 신주쿠(新宿) 등은 연지 화장의 향기에 무산지몽에 깊게 빠져 아침의 이별을 아쉬워하는 관광객도 있다. 또 숙사에 있어서 미인을 술좌석 사이에 주선하는 것도 규정 시간 내에서는 제한이 없다.

6 버들나무가 우거져 어두워 보이고 꽃이 만발해 밝게 보이는 봄의 들녘의 아름다운 모습을 뜻하는 말로 화류계를 비유적으로 가리키는 말이 되었다.

7 근대 일본의 소설가이자 극작가로 1885년에 문학론인 「소설신수(小説神髄)」를 발표하여 문학개량운동의 중심이 되었다(1859~1936).

아라주쿠荒宿는 쓰보우치 쇼요[7]가 1911년에 별장을 만들었지만, 밤마다 부근의 작은 요리집에서 들려오는 떠들썩함에 견디지 못하고, 1920년에 이사를 할 수밖에 없었던 곳이기도 하다. 게다가 국철 아타미선의 개통도 있어서, 이 주변에 여관, 요리집, 유흥장 등이 증가하고 있었다. [그림 5-8](167쪽 참조)에서 오른쪽 위에서 왼쪽 아래로 흐르고 있는 것이 이도가와다. 댄스홀, 활쏘기장, 사격장 등의 오락시설과 함께 수많은 점포가 줄지어 있던 모습을 상상해 볼 수 있다. 이와 같이 아타미에서는 이도가와를 따라 대표적인 화류가로 발전해 나갔다.

3. 온천 붐의 실태

학계의 권위에 의한 현황 파악

1929년에 설립된 일본온천협회는 1장에서 언급한 바와 같이 온천에 관한 지식의 보급, 온천지의 발전에 공헌하는 것을 목적으로 하는 반관반민半官 半民의 조직이었다. 기관지 『온센溫泉』은 1930년 4월부터 월간으로 간행되었다. 이 잡지에는 각지의 리포트와 함께 원천 보호와 온천권에 관한 법률적 문제, 온천 요양에 관한 의학적 문제에 관해서도 게재되어 있다. 또 협회에서는 1935년에 『온천대감』, 1941년에 『일본온천대감』을 출판하였다. 『온천대감』은 본문 825쪽으로 온천개론, 온천의 천질편, 이용편, 설비경영권, 법령편, 통계편, 역사전설편, 안내편 등의 일곱 개의 장과 부록으로 이루어져 있다. 『일본온천대감』은 이것을 전면적으로 개정·증보한 것으로, 열여섯 개의 장과 부록으로 구성되어 본문 1286쪽에 걸쳐 열거해 놓았다.

『온센溫泉』의 지면에 게재된 『온천대감』의 광고를 보면(그림 5-9), "건강은 진충보국의 야마토정신大和魂이다. 이 책을 구입한다면 그 이상 인생의 수명을 유지하는 무궁함은 없을 것이다. 뿐만 아니라 움직이는 일본 국민의 성전이 될 것이다"라며 이것이 국가적 출판임을 강조한 광고를 볼 수 있다. 『온천대감』에는 이 책의 집필자는 온천학 및 이와 관련된 학계의 권위자에게 부탁을 하였다고 기록되어 있다. 그들이 당시의 온천지를 어떻게 인식했는지 살펴보자.

> 우리 온천지에는 도쿠가와 막부시대 중엽부터 조성된 유희의 분위기가 많아서, 여기에 빠져들지 않는다면 온천에 가서 즐기는 의미를 충족시키지 못하는

그림 5-8
아타미온천 이도가와 연안의
거리 모습
(「이즈아타미온천 조감도」,
1932, 아타미시 시립도서관
소장)

그림 5-9
『온천대감』의 광고

인정 없는 세상이 됨으로, 온천지에도 예기 대기소가 상당히 번창한 것도 당연한 일이겠지만, 온천지 본래 목적에서 본다면, 마땅히 상당한 제재가 있어야 할 것이다.…… 밤의 문란한 모습은 다반사로 온천지에서 와자지껄 노는 것이야말로 참 보양이라고 하며, 타인도 비난하지 않고 자신도 훈계하지 않는 폐단은 서양보다도 심하다.…… 온천지의 본디 목적에서 본다면, 오늘 날 이 폐습을 일소하지 않으면 안 된다(후지나미 고이치[藤波剛一], 「온천지의 위생적 설비[溫泉地の衛生的設備]」, 1935년).

아사무시(淺虫), 하나마키(花巻), 기누가와(鬼怒川), 아사마(淺間), 야마나카(山中), 게로(下呂) 등은 그 자연적 환경에 있어서도 볼 만한 것이 있기는 하지만, 그러나 오히려 인위의 시설에 의해 현재의 성대(盛大)를 이루었다고 해도 결코 과언이 아닐 것이다. 이러한 시설 중에는 방탕한 분위기로 특히 유명해진 것도 있어서 …… 모든 온천장이 다 그렇다는 것은 아닐 것이라는 것을 믿으며, 오히려 금후의 시설로써는 더욱더 건전한 보건, 휴양, 교화상의 시설을 충실히 하여, 우리나라 온천 이용자의 태도를 점차 개선해 가야 하지 않겠는가(다무라 쓰요시 [田村剛], 「온천장의 경영[溫泉場の経営]」, 1935년).

이 책에서는 온천지에서의 유흥, 향락에 대해 고언을 전하며, 건전한 보양시설로 개선해야 한다는 주장이 반복해서 나타난다. 그 배경으로 중산 계급에 더하여 많은 노동자층도 기분전환을 위해 온천지를 방문하게 되었 다는 점을 들 수 있는데, 이로 인해 사람들을 계몽할 필요성을 인식하게 되었다. 전시기 인적·물적 자원을 통제 운용하기 위한 국가총동원법이 성립 된 것은 1938년의 일이었다. 그렇다고 해도 온천지에서 군수경기軍需景氣로 인해 더욱더 번성하게 된 곳이 적지 않았다.

『온센溫泉』10권 9월호 게재의 "신춘 온천경기 결산新春溫泉景気決算"이라
는 기사에 의하면, 1939년의 정월은 좋은 날씨에 각 온천지에 입욕객이 쇄도
하여, 기분 좋게 출발했다. 이것은 군수軍需 인플레의 파행경기跛行景氣 물결
을 탄 사람들도 많았지만, 긴장만이 능사가 아니라는 점에서 일반 사람들이
오랜만에 온천에서의 조용한 요양을 갈구한 것 같다고 보고되어 있다. 이
1939년의 데이터를 포함한 입욕객수의 추이를 살펴보도록 하자.

도쿄 주변 온천지의 입욕객수

[표 5-6]에서는 도쿄 주변의 주요 온천지의 연간 입욕객수를 정리하였다.
이 표에서 온천 붐이 입욕객수에 어떻게 나타나 있는지 검토해 보자.

　먼저 1910년대(다이쇼 전기)까지는 이카호伊香保가 23만 명에 가까우며,
아타미, 시오바라, 나스가 10만 명을 넘었다. 이토, 유가하라가 8~9만 명,
미야노시타宮の下는 5만 명이다. 또한 구사쓰의 입욕객수에 대해 같은 시기
의『군마현통계서群馬県統計書』에서 15만 명 전후로 추정하고 있는 것으로
보아『전국 온천 광천에 관한 조사』가 과소한 수치를 보고하고 있다고 생각
된다. 이 온천들이 도쿄를 중심으로 한 많은 지역에서 입욕객을 맞이하고
있던 온천지라고는 할 수 있겠지만, 이를 제외한 다른 온천들은 근린 사람들
이 이용하는 시골스러운 탕치장이었다고 할 수 있다.

　1925년에는 시마四万와 오이가미老神의 신장이 눈에 띄는데, 조에쓰난
선上越南線 연장의 효과라는 것을 알 수 있다. 그 후 1929년 세계경제공황의
여파로 야기된 쇼와공황의 영향으로 각지의 입욕객은 상당히 감소하지만,
1933년에는 회복의 기미가 엿보였다. 그리고 중일전쟁 초기인 1937년에
다시 온천지는 불황에 빠져들었지만, 온천보국溫泉報國이 제창되면서, 1938

표 5-6 도쿄 주변의 주요 온천지의 연간 입욕객수의 변화

온천명	1910년대 (다이쇼 전기) (A)1911~1920	1925년 (B)1925	1933년 (C)1933	1939년 (D)1939	배율 (D)/(A)
이카호	227,064	225,037	179,819	238,393	1.0
구사쓰	*1)7,118	183,478	214,812	315,759	*4)2.1
시만	10,515	*2)211,632	121,477	193,313	18.4
만좌	3,140		12,106	33,371	10.6
오이가미	1,232	31,707	31,081	67,609	54.9
미나카미	490		19,288	86,164	175.8
시오바라	139,138	122,575	109,726	206,348	1.5
나스	130,025	100,913	203,580	197,279	1.5
닛코유모토	12,451	7,464		*3)457,675	*5)7.6
기누가와(폭포)	1,561	2,041		137,311	88.0
가와지	1,279	700	27,180	58,691	45.9
유니시가와	394	443	7,390	81,010	205.6
유가하라	85,803		171,687	304,663	3.6
미야노시타	51,230			53,105	1.0
고우라	4,063			100,491	24.7
아타미	165,085	154,386	189,461	474,657	2.9
이토	94,836	85,065	135,822	379,849	4.0

(A):『전국 온천 광천에 관한 조사』, (B):『군마현통계서』·『이바라키현통계서』·
『시즈오카현통계서』(C):『군마현통계서』·『온천대감』, (D):『일본온천대감』에 의한다.
나스는 이타무로를 포함. (B)의 아타미·이토는 경찰서별의 입욕객수를 가리킴.
*1)『군마현통계서』의 수치에서 1913~1920년의 평균을 구하면, 14만 9477인이 된다.
*2)『군마현통계서』의 수치에서 전후 5년간을 평균으로 하면, 13만 1545인이 된다.
*3) 월별의 수치에서는 5월 20만 1470인, 10월 20만 2510인이지만, 다른 월에 많아서
1만 245인이라는 것과 숙박정원을 생각하면, 2만 1470인과 2만 2510인의 오기(誤記)
라고 판단된다. 그 경우에는, 합계는 9만 4675인이 된다.
*4) *1)의 14만 9577인을 적용한 수치, *5) *3)의 9만 4675인을 적용한 수치.

년 후반부터 손님들의 발걸음이 급속하게 돌아오기 시작하였다.

1934년에는 이카호, 구사쓰, 시마, 시오바라, 나스, 닛코유모토, 기누가와, 유가하라, 고라強羅, 아타미, 이토에서 10만 명을 넘었다. 이중 닛코유모토는 표의 주석에 설명한 바와 같이 데이터에 오기誤記가 있어, 9만 명대에 그쳤다고 판단된다. 1910년대(다이쇼 전기)에서 약 25년간에는 유니시가와湯西川, 미즈우에, 기누가와, 오이가마, 가와지川治처럼 한꺼번에 개발이 진행되어 입욕객수가 급증한 온천지도 있으며, 이카호, 미야노시타처럼 일찍부터 관광지

화가 추진되어 온 온천지에서는 입욕객수의 증감이 적은 것을 알 수 있다.

또한 전시戰時의 기운이 강해지기 시작한 1933년부터 1939년까지의 변화를 보면, 거의 대부분 증가 경향을 보이고 있으며, 그중에서도 11배 증가한 유니시가와를 필두로, 미나카미, 이토, 만자万座, 아타미, 오이가미, 가와지에서는 2배 이상의 큰 증가를 나타내고 있다는 점을 주목하고 싶다. 이것은 철도의 개통과 함께 자동차가 보급되어 산간 지역까지 이동할 수 있게 된 점이 크게 작용한 것으로, 군수경기를 탄 도회 사람들이 위안, 행락, 보양을 찾아 온천지에 쇄도하여 온천 붐을 일으켰던 것이다.

도회인의 점령지

1931년판『온천안내』에는 "최근 '산의 온천'이라고 하여 산속에 숨겨져 있어 잘 알려지지 않은 온천을 찾는 경향이 성행하자, 여름에는 오쿠조슈奥上州 근처의 한적한 산의 온천도 피서를 겸해 탕치하는 도회인으로 만원일 지경이다"라고 전하고 있다. 도회의 피곤을 풀기 위해 한적하고 예스러운 온천지를 좋아하는 경향은, 근년의 비경 온천 붐을 생각하게 하는데, 세계경제 공황의 여파로 수반된 급격한 사회변동 속에서, 도회인=고향 상실자에게 있어서 '산의 온천'이 '고향'에 대한 노스텔지어로 연결되지는 않았을까? 이와 같이 오락시설을 갖춘 온천지에 '유흥', '향락'을 원하는 사람들이 있는 반면에, '전원유람 취미'를 그리워하는 사람들은 세속화되지 않은 '산의 온천'에서 그 의미를 찾았던 것이다.

이렇게 산간의 온천지가 도회인의 관광여행의 대상이 된 것은 농촌 사람들의 탕치의 공간을 빼앗은 것과도 연결된다. 후지나미 고이치藤浪剛一가 육군 위생국에 건의하여, 다음해 1938년에『의사위생医者衛生』에 게재한

「시국과 온천의 개발·정화時局と温泉の開発·浄化」에서는 상황을 다음과 같이 설명하고 있다.

온천을 이용하여 건강을 증진시키는 것은 이전부터 농촌 사람들에 의해 행해지고 있다. 그들은 농한기를 골라 온천에 머무르며, 자취를 하며 십수일에서 수십 일까지 몸을 온천에 담그고 매일 볼 수 있는 것이다.…… 그러나 그 생활 정도 때문에 자취식의 여인숙 제도가 행해졌다. 이것은 경제적으로 가장 좋은 수단이다. 그러나 온천지의 교통수단이 편리해짐에 따라, 온천지 사람들은 자취식보다도 하타고야(숙박비와 식사비를 지급하며 투숙하는)를 하는 사람, 즉 이익이 많은 도회인을 받아들이는 것을 선호하게 되어 자취식 손님은 소외를 당하게 되었다. 도회인은 흔히 소박하고 간단한 시골 사람들의 온천 생활을 업신여기며, 그들의 일을 배척하여 온천은 결국 도회인의 점유로 돌아가게 되었다. …… 게다가 온천의 풍속 붕괴는 점점 심해져, 온천지는 세속화하는 번영을 지속하여, 이른바 에로틱한 기분에 의해 유지하는 것을 본령으로 삼고, 마을의 유력자나 행정기관도 이에 찬성하여 그 조직의 설치를 오히려 장려하려고 하는 경향이 있다.

이와 같은 인식하에서 지방 청년의 건강 유지와 부상자 및 병자의 치유를 위해 후지나미는 온천지 개량의 필요성을 논하고 있다. 전시하의 온천지 동향에 관해서는 다음 장에서 한층 더 고찰하기로 한다.

6장

전시하의 온천지의 변용

중일전쟁 개시 후, 철도성에서는 국민정신 총동원과 국민의 체위 상향[體位上向]
이라고 하는 국책에 부합하는 여행을 장려하였다. 그 때문에 신사나 사원
및 건국의 역사와 관련된 유적, 영웅이나 위인의 사적 등과 함께 건강 증진에
적당한 온천지, 심심의 단련에 도움이 되는 대자연이 여행 목적지로 자리매
김하였다(니시오 요시오[西尾嘉男], 「사변하의 철도성의 선전방책[事変下に於ける鉄道省の宣伝
方策」, 1938년).

　　파시즘기의 투어리즘tourism을 검토한 다카오카 히로유키[高岡裕之]에 따
르면, 총력전체제로의 이행, 민중생활의 조직화와 통제의 강화는 도시문화
로서의 투어리즘과는 본래 양립할 수 없는 것이라고 상정되어 왔지만, 전시
하에서는 투어리즘이 확대된 국면이 존재한다고 한다. 전시하의 투어리즘
을 촉진시킨 하나의 움직임으로는 후생운동[厚生運動]의 전개가 있다. 이 운동
을 뒷받침하고 있었던 것은 '인공자원'의 유지와 생산능률의 향상이라고
하는 생산력 이론이었다(다카오카 히로유키[高岡裕之], 「관광·후생·여행[観光·厚生·旅行」,
1993년). 여기에서는 우선 전시하의 각지의 온천지 동향을 개관하고자 한다.

1. 온천후생운동의 전개

1939년의 입욕객수

1939년에 연간 30만 이상의 입욕객수를 헤아린 온천지를 [표 6-1]에 표시하였다. 이에 따르면 입욕객수의 순위에는 1920년대(다이쇼기)의 뒤를 이어 야마가山鹿·기노사키城崎·도고道後·벳푸別府·유다湯田·아타미熱海·다카라즈카宝塚가 상위에 있다는 것을 알 수 있다. 한편으로 시모스와下諏訪·가미스와上諏方·우레시노嬉野·이토伊東·구사쓰草津·유가와라湯河原에서는 입욕객수가 크게 증가해, 그동안에 순위를 올렸다. 또한 조선의 온천지인 동래東萊와 온양溫陽 두 곳이 순위에 들어가 있다.

이상의 온천지에 관해서는 1939년 9월과 10월에 간행된 『온센溫泉』에 게재된 기사를 요약하면서 각지의 상황을 소개하기로 한다.

시국(時局)은 미증유의 번성과 활기를 공업지대에 출현시켜, 이즈(伊豆)·하코네(箱根)·조에쓰(上越)의 모든 온천·나스(那須)·시오바라(塩原) 등, 도쿄철도국 관내에 입욕객이 적다고 한탄하는 온천지는 하나도 없다고 해도 좋을 것이다. 입욕객이 질적으로 변화하여 이전에는 중류 정도에 머물고 있었지만 이제는 한 단계 낮은 계급의 사람들이 더욱 증가하였다. 그들은 직업적인 제약 때문에 당일 혹은 1박의 온천행이 많아서 등산, 하이킹 등을 겸하는 경우가 많아졌다(하라 햐쿠스케[原百助], 「손님의 질적변화 그외[客の質的変化その他]」).

가미스와(上諏方)·시모스와(下諏訪)에서는 스와다이샤(諏訪大社) 참배객

표 6-1 1939년의 입욕객수와 온천지

명칭	소재지	입욕객수	『온천안내』의 특색
야마가(山鹿)	구마모토현 야마가시	2,282,854	보양·요양
기노사키(城崎)	효고현 도요오카시	1,774,930	보양·요양
도고(道後)	에히메현 마쓰야마시	1,597,899	보양·위안
시모스와(下諏訪)	나가노현 시모스와초(町)	1,384,409	보양·요양
벳푸(別府)	오이타현 벳푸시	1,011,339	보양·위안
유다(湯田)	야마구치현 야마구치시	903,000	보양·위안
아타미(熱海)	시즈오카현 아타미시	474,657	위안
가미스와(上諏方)	나가노현 스와시	426,569	보양·위안
우레시노(嬉野)	사가현 우레시노시	400,000	보양·위안
이토(伊東)	시즈오카현 이토시	379,849	위안·보양
동래(東萊)	한국 경상남도	378,000	위안·피서
온양(溫陽)	한국 충청남도	352,048	보양·위안
다카라즈카(宝塚)	효고현 다카라즈카시	339,022	위안·보양
구사쓰(草津)	군마현 구사쓰시	315,759	보양·요양
유가와라(湯河原)	가나가와현 유가와라시	304,663	위안·보양

일본온천협회에 등록하고 입욕객수를 보고한 온천지에 한정하였으며
닛코유모토(45만 7675명)는 [표 5-6]에 표기하였기에 생략하였다. 또한
히라이와(平岩, 30만 6000명)는 수용객수 52명의 여관으로 데이터에
오류가 있다고 판단하여 제외하였다.
『일본온천대감[日本溫泉大鑑]』·『온천안내[溫泉案內]』(1940)

의 증가에 따른 입욕객의 증가가 뚜렷하다. 단체유람객은 격감했지만, 고급
여관을 희망하는 개인(客)이 크게 증가하였다(스즈키 쓰네오[鈴木恒雄], 「아
직 충분하지 않은 자숙[自肅未だし]」).

기노사키(城崎)에서는 작년부터 입욕객이 상당히 증가하고 있다. 온천지로
서 건실한 걸음을 지속하고 있었던 만큼, 입욕객도 일반적으로 자각을 해서인
지 정숙하다. 종래는 단체객이 몰려들었지만, 근래는 대규모 단체여행은 보
이지 않고, 가족을 동반한 체재객이나 소수의 단체객이 많아졌다(아리마 시
게즈미[有馬茂純], 「어느 정도의 시국반영[或る程度の時局反映]」).

유다(湯田)는 오랫동안 머무는 손님은 적지만, 대륙에서 돌아오거나 대륙으

로 향하는 용맹한 일행들이 상당히 많은 돈을 쓰고 간다. 산업이 호조인 우베(宇部)·도쿠야마(徳山)·구다마쓰(下松)가 있고, 주말에는 금세 손님으로 넘쳐 난다. 시코쿠(四国)의 도고(道後)는 규슈(九州)의 벳푸(別府)와 바다를 사이에 두고 번영을 경쟁하고 있다(고야 하루오[小谷春夫], 「요양·행락 모두 번영[療養·行樂何れ も 繁榮]」).

시대의 추세로 호황을 누리는 산업지에 인접한 규슈 북부에서는 교통편이 좋은 온천지는 상당히 활기차다. 1937년 후반은 어느 온천지든지 불이 꺼진 것처럼 썰렁했지만, 각지에서 온천보국의 슬로건을 내걸고 일제히 기운을 되찾았다. 그곳에 가져온 군수경기로 인해 가족을 동반한 손님이 1938년 후반부터 상당히 증가하고 있는 편이다. 벳푸(別府)에서는 주말에 갑자기 찾아갔다가는 숙소를 잡을 수 없을 만큼 성황이지만, 서로서로 자숙을 해서인지 여관에서 요란하게 소란을 떠는 자들은 없다. 네온사인이나 요란한 축음기도 모습을 감추었다. 지고쿠(地獄)[1]를 순환하는 유람버스, 쓰루미엔(鶴見園)[2], 케이블카 등의 건강을 취지로 한 유람지는 만주사변 당시의 불황을 떨치고 손님이 증가하여 실로 황금시대를 출현시키려 하고 있다(마쓰모토 센이치[松本仙一], 「이용후생의 철저화를[利用厚生の 徹底化へ]」).

1 화산이나 온천지 등에서 끊임없이 연기나 증기를 내뿜는 곳으로 벳푸온천이 유명하다.

2 1925년에 창설된 벳푸에 소재한 종합유원지로 정원에 커다란 온천풀장이 자리하고 있다.

이와 같이 건강 증진이라는 명목하에 온천지에는 입욕객이 쇄도하고 있었다. 또한 가미스와上諏方·시모스와下諏訪에서는 스와다이샤諏訪大社의 참배를 겸해 방문하는 여행객이 증가하고 있다는 것도 알 수 있다(그림 6-2). 여행객층도 단체여행객에서 가족동반이나 개인여행객으로의 급격한 변화가 엿보인다.

그림 6-1
구사쓰온천조합 발행 전단지 표지
"국민정신총동원(國民精神總動員)"이라고
하는 카피와 함께 등산·하이킹객이 그려져
있다. 전장 후방(銃後)의 보건을 위해 심신 단
련을 장려하는 투어리즘의 확대를 엿볼 수
있다.

그림 6-2
가미스와 주변의 조감도
스와다이샤의 가미샤(上社)·시모샤(下社)
나 1929년에 설립된 가타쿠라칸(片倉館),
관광개발이 진행 중인 기리가미네(霧ヶ峰)
등이 보인다.
(가미스와온천협회, 「가미스와온천안내」)

또한 아타미의 예기藝妓포주영업조합에서는 1939년에 예기의 화대를 낮추고 2시간의 접대 시간을 1시간으로 변경하여 자숙을 표명하였지만, 매월 1일의 '홍아봉공일興亞奉公日'에는 휴업할 수밖에 없는 수도권의 예기들이 손님과 동반해 외곽으로 몰려 나갔기 때문에 역으로 아타미熱海는 사람들로 북적거렸다고 한다(「아타미 역사연표(熱海歷史年表)」, 1997년). 차츰 자숙하는 분위기가 강화되어 가면서도 주머니 사정이 넉넉한 손님을 노리고 숙박료를 대폭 인상한 여관도 많았다.

신체제운동에의 대응

1940년에 접어들자, 철도성이 "불요불급의 여행을 피하고 국책운송에 협력해 주십시오"라는 포스터를 각 역에 붙이고, 차츰 여행을 제한하는 데 나서게 되었다(『일본교통공사70년사(日本交通公社70年史)』). 나아가 1940년 10월에는 대정익찬회大政翼贊會[3], 11월에는 대일본산업보국회大日本産業報國會[4]가 결성되었다.

이러한 사회적 분위기 속에서 아타미에서는 연내에 신속하게 체제를 정비하였다. 그 움직임을 정리하면 다음과 같다.

신체제 실시에 따라 야기된 시세의 물결에 지금까지 향락적으로 발전해 온 온천장이면 일수록 심각한 영향을 받았다는 것은 상상하기 어렵지 않다. 그 대표적인 곳이라고 할 수 있는 아타미는 그 정도가 가장 클 것이다. 그러나 다른 온천지가 대책에 고심하며 참담해 하고 있는 와중에

[3] 1940년 10월 12일부터 1945년 6월 13일까지 존재했던 신체제운동 추진을 위해 창립된 조직으로 총리대신이 총재를 담당하고 각 지역 지부장은 현(縣)의 지사(知事)가 담당하는 등, 관제형 성격이 농후하였다. 산하에 산업보국회, 대일본부인회 등을 두고 있었으며, 국수주의세력에서부터 사회주의 세력까지를 아우르고 있었다.

[4] 전시하의 노동자 통제조직으로 1938년 이래, 각 단위 산업장에 설치된 산업보국회를 1940년 11월에 정부가 직접 관리하는 전국 단체로 결성하였다. 1942년부터 대정익찬회(大政翼贊會)의 산하 기관으로 편입되었다.

도 교통편, 수려한 풍광, 온난한 기후, 풍부한 온천(수) 등의 장점을 지닌 아타미는 신체제에 즉시 대응하는 첫걸음을 내딛었다. 종래의 아타미가 감수할 수밖에 없었던 부당한 숙박료·악덕 지배인의 횡행·예기 작부의 출입·손님의 질적 저하 등의 비난은 모두 업자의 개인주의적 영업에서 초래된 것으로 풍기가 극도로 퇴폐해져 양식 있는 사람을 한숨짓게 만들었다. 상공성령(商工省令)에

그림 6-3 『온센』에 게재된 아타미온천의 광고 (『온센[溫泉]』 13-7, 1942)

의해 결성된 아타미여관상업조합은 원활한 물자 배급을 제일의 목적으로 하지만, 배급정지라고 하는 제재에 근거한 통제력을 통해 숙박료나 종업원의 시정(是正)이 가능하게 되었다. 또한 아타미 온천산업보국회가 결성됐지만, 그것은 노사의 협조를 추진하기 위한 것일 뿐만 아니라, 인적자원 확보를 목표로 한 국가유용(國家有用)의 직장으로 만들려는 의지가 포함되어 있다. 아타미는 스스로 신체제를 향해 적극적인 체제정비를 완성하였다(하쓰시마 시구레[初島時雨], 「통제와 단결의 힘에 기대[統制と団結の力に期待]」, 1941).

방탕한 이미지가 강한 온천지는 신체제하에서 비난의 표적이 되어 심각한 영향을 받았지만, 그 대표적인 곳이라고 할 수 있는 아타미는 신체제에 즉시 적응해 역시라는 인상을 주었던 것이다. 『온센溫泉』에 게재된 아타미여관상업조합의 광고에는 "가자! 건강을 위해行かう！健康を求めて", "가자! 휴양하

러行から！休養に", "우리들의 보건도장吾等に保健道場", "청소년과 모든 공장 노동
자들의 보건을 목표로青少年ト工場労働者君ノ保健ヲ目指シテ"라고 '건강온천 아타미
健康温泉熱海'를 주창하는 시국에 대응한 카피가 열거되어 있다(그림 6-3). 이러
한 동향은 아타미에만 국한된 것은 아니었다.

일본온천협회의 개조

1941년이 되자, '인적자원'을 유지하기 위한 노동자나 농민의 건강 증진이
문제시되면서 온천의 이용자측 단체인 대일본산업보국회와 산업조합중앙
회가 중심이 되어 일하는 국민의 휴양을 위해 온천지를 활용하고자 하는
온천후생운동이 추진되었다. 그것을 대정익찬회가 하나의 국가적 운동으
로 다루게 되면서, 8월에는 온천후생운동에 관한 관민협의회가 열렸다(「사단
법인 일본온천협회 개조경과보고社團法人 日本温泉協會改組經過報告」, 1942년).

　　이러한 움직임과 함께 업계 단체인 일본온천협회에서도 "온천이야말
로 장기건설에 가장 필요한 인적자원 확보의 후생 낙원이라는 사실을 강하
게 인상지우는 것이 급선무"라며 체제가 강화되었다. 그것은 각 온천지가
부서를 조직하고, 그것을 도도부현都道府県 단위의 지방업계가 관할하여,
최종적으로 일본온천협회중앙업회가 통제한다는 것이었다(일본온천협회, 「온
천업자의 단결과 협회강화温泉業者の団結と協会強化」, 1941년). 『일본온천대감日本温泉大鑑』
(1941)에도 "국방은 건강에서", "건강은 온천에서"라고 하는 슬로건이 작지
만 내걸려 있다. 여기에는 국가방위를 위해 인적자원이 필요하다고 되어
있으며, 온천은 국민의 체력과 건강을 증진하는 후생 자원으로써의 의의가
부여되어 있었다.

　　1942년 1월에는 일본온천협회가 온천후생운동의 중앙지도기관으로

결정되었다. 조직도 정비되어 대정익찬회·대일본산업부국회·산업조합중앙회 등의 단체에서도 일본온천협회의 이사로 참여하여 온천의 후생 이용을 한층 더 추진하게 되었다. 이 해의『온센溫泉』13권 7호에는「온천후생운동 특집호」가 게재되어 있다. 당시의 온천여관의 형태는 40%가 여관업·요리업 두 가지를 겸업해서 방에는 예기나 작부 등이 출입하는 고급 여관, 20%가 단일업으로 여행자·휴양객保養者을 대상으로 하는 여관, 40%가 방을 대여해 손님이 식량·침구 등을 지참하는 자취여관으로 인식되고 있다(미우라 겐키치三浦謙吉,「온천후생운동과 온천여관 경영의 금후의 방향溫泉厚生運動と溫泉旅館経営の今後の方向」, 1942년). 여전히 다수를 차지하는 겸업여관이 문제시되고 있었던 것이다.

이와 같이 일본온천협회는 개조되었지만, 노동자나 농민을 위한 온천후생운동을 주도하는 대일본산업보국회·산업조합중앙회 등에서 파견된 새로운 이사와 종전의 이사 사이에는 의견의 대립이 생겨났다. 대정익찬회의 알선으로 양자는 일원화해서 온천후생운동을 추진하려고 했지만, 1년여 만에 신임 이사들이 탈퇴하는 결과에 이르고 말았다. 이러한 움직임은 '무풍지대의 협회에 대해 경이적인 운동이 외부에서 밀려들어 왔다'고 자리매김되어 있다. 온천이 특권 계급의 사람들을 위한 금전적·오락적 본산이 되어 있다고 인식하고, 산업전사를 위한 후생 이용을 철저하게 지향하려고 했던 신임 이사들과, 온천후생운동이 일본온천협회 활동의 일부에 지나지 않는다고 생각하고 지금까지의 활동에 자부심을 갖는 협회측은 하나의 조직 안에서 공존할 수 없었던 것이다(아베 마키타로阿部牧太郎,「일본온천협회의 생동과 금후日本温泉協会の生動と今後」, 1942년).

2. 태평양전쟁 개시 후의 동향

온천여행의 쇠퇴

온천후생운동이 진행되는 동안, 각지의 온천지는 어떠한 상황에 있었던 것일까? 1941년부터 1942년에 걸쳐서 연말연시의 대체적인 모습은 전년에 비해 입욕객이 크게 감소한 곳이 많았으며, 향락적인 분위기가 일소되어 후생 목적의 가족동반, 군수공장에서 일하는 '산업전사'의 1, 2박의 여행이 두드러졌다고 보고되어 있다(스즈키 마사키[鈴木正紀], 「담화실」, 1942년).

· 노보리베쓰(登別 - 홋카이도): 연말에는 급감했지만, 신춘에 접어들어 다소 만회하였다. 근거리의 가족동반과 산업전사가 많다. 탕치객을 제외하면 1, 2박 정도. 유흥적인 분위기 없음.

· 아사무시(浅虫 - 아오모리현): 전년과 큰 차이 없음. 학생이 급감하고 가족동반이 증가. 1박이 대부분. 12월 1일부터 겸업여관을 폐지.

· 자오 다카유(蔵王高湯 - 야마가타현): 전년에 비해 약 62% 감소. 산업전사가 눈에 띄게 많으며, 예년의 많았던 학생은 전체의 10% 정도. 방탕한 분위기의 일소와 소등시간 엄수의 포스터 게시 효과 있음.

· 에치고 유자와(越後湯沢 - 니가타현): 상당히 감소. 예정보다 졸업을 앞당긴 학생 스키어(skier)가 많다.

· 유다나카(湯田中 - 나가노현): 상당히 감소. 스키어의 감소가 눈에 띈다. 산업전사, 여성동반 감소.

· 하코네의 여러 온천(箱根諸温泉 - 가나가와현): 약 20% 감소. 가족동반에 이어 산업전사가 많으며, 여흥적인 분위기 없음. 산업전사를 환영하는 뜻에

그림 6-4
아사무시온천
(대일본웅변회 고단샤 편[大日本雄弁会講談社編], 『일본온천안내 동부편』, 1930)

그림 6-5
철도성의 광고
(『온센[溫泉]』 14-5·14-11의 뒷표지, 1943/ 아이치대학[愛知大学] 도요하시[豊橋] 도서관 소장)

서 숙박료 반액 실현에 매진 중.

· 아타미(熱海 - 시즈오카현): 예년에는 단골예약으로 초만원이지만, 개전과 동시에 취소가 많다. 그러나 연말에 접어들어 손님이 되돌아오는 경향을 보였지만, 전년에 비해 상당히 감소. 2박 전후의 숙박.

· 이토(伊東 - 시즈오카현): 상당히 감소. 노동계급이 눈에 띄게 많다. 거리에는 불건전한 분위기 없음.

· 우나즈키(宇奈月 - 도야마현): 상당히 감소. 남성끼리, 학생이 많다. 1, 2박 정도.

· 게로(下呂 - 기후현): 약 16% 감소. 가족동반이 단연히 많다. 2, 3박 정도.

· 가타야마즈(片山津 - 이시카와현): 15% 감소. 가족동반 증가.

· 기노사키(城崎 - 효고현): 약 40% 감소. 가족동반이 많고, 대다수가 1박 손님.

· 기리시마의 여러 온천(霧島 - 가고시마현) : 연말은 다소 증가, 연시는 감소. 부근 농촌의 가족동반의 뒤를 이어 젊은 여성이 많으며, 3일 정도 체재. 산업전사의 우대책으로 후생 숙박료를 설정.

아사무시의 보고에 있는 겸업여관의 폐지란, 요리업의 겸업을 반납하고 여관업 하나로 업종을 개선한 것을 말한다. 아사무시는 화류의 향기가 너무나 강하여, 아오모리현 일대에서 '아사무시에 간다'는 것은 부도덕한 행위라고까지 인식될 정도였다고 한다. 1941년 당시, 아사무시에는 24채의 여관이 있었으며 그중에서 7채가 자취여관, 나머지 17채 중 비교적 큰 11채가 요리업종으로 허가를 받았고 예기 대기소는 9채 있었다. 1940년의 내무성에 의한 영업쇄신 방침에 호응해 아오모리현 노정과勞政課에서는 아사무시 정화에 착수하였으며, 1941년 8월에는 업자 전원을 아오모리경찰서에 모아 현의 방침을 전달하였다. 그것은 ① 겸업을 폐지하고, 업자는 임의로

여관이나 요리집의 단일업으로 전환한다. ② 예기·작부의 여관 출입은 허가를 얻은 연회의 경우 만 5시부터 10시까지 인정하고, 예기를 두고 있는 여관은 다른 곳으로 옮긴다. ③ 예기 대기소의 생활 문제도 있기 때문에 요리업을 허가하고, 상공성에 신청해서 증개축을 인정한다와 같은 내용이었다. 이 개혁 후, 이제까지 여성을 여관에 들이기 위해 손님 한 사람당 한 방을 배정할 수밖에 없었지만, 다다미 8조 방에 3명, 6조 방에 2명의 손님을 들일 수 있게 되어, 오히려 순이익이 올라갔다고 보고되어 있다(가메타니 히사토[亀谷久任], 「영업 행태 개혁의 횃불 각지에서 오르다[営業改革の炬火各地に揚がる」, 1942년).

『온센溫泉』 13권 10호의 편집후기에는 1942년 여름, "각 온천지의 활황은 대단했던 것 같다. 몇 년 만의 더위와 풍작을 예상하게 하는 맑은 날씨와 햇살로 손님들의 발길이 밀려들어 왔을 것이다. 도시의 식량 부족을 피해 오는 자부터 …… 생산적인 일을 하지 않는 피서객이 많은 것도 사회적인 면에서 바람직하지 않은 일이다"라고 적고 있다. 그러나 온천여행의 번성도 그 종언을 맞이하게 된다.

1943년이 되자, 석탄 등의 중요 자원을 육상으로 운송하기 위해 철도성은 여행객 운송의 제한을 강화하여[그림 6-5]에 있는 것처럼, 행락여행의 폐지, 심신 단련이라는 명목을 빌린 여행의 금지를 광고했던 것이다. 여객 양의 급증으로 운송 능력은 한계에 달해 있었던 것이다(그림 3-2 참조). 그러나 이러한 광고가 나오게 된 자체가 심신 단련을 구실로 한 여행이 성행하였다는 것을 보여주고 있는 것이다.

표준 온천지의 설정

이러한 상황에서 일본온천협회에서는 전시하에 어울리는 온천지를 권장하기 위해 표준 온천지의 설정 요건을 1943년 5월의 정례 이사회에서 정하였다. 다음은 당시의 협회 간부가 온천지가 살아남기 위해 필요하다고 생각해낸 모든 조건을 알 수 있는 매우 흥미 있는 자료로, 그 일부를 소개하고자 한다(『온센[溫泉]』, 14~16쪽).

○ 온천지 전역의 시설

1. 일본 고래의 미풍에 모범이 되는 온천을 보호하고 신성시하는 풍조를 일으킬 것.

2. 온천신사, 온천의 절에 참배 및 경내 청소봉사를 권장할 것.

3. 국가의 건민(健民) 수련 시책에 부응하여 건민지대(운동장, 집단 야영장, 보행로, 수영장, 스키장 등)를 시설할 것.

4. 자연환경의 풍치 정비 및 보수에 힘쓸 것.

5. 온천지구의 분위기를 후생적으로 화목하게 할 것.

6. 개업 의사가 있는 온천지에서는 그에 의뢰해서 입욕객의 요양 상담에 대응할 것.

7. 각 여관은 여관 업무에 관한 국책의 수행에 협력할 것.

8. 요리겸업여관이 존재해서는 안 될 것.

9. 공동 욕장의 청결보수, 정돈, 미화에 힘쓸 것.

10. 향토자료관, 자연공원의 공터를 이용한 채소 재배지 등을 설치할 것.

○ 여관의 정비

1. 객실 실내의 간소한 아름다움, 청소 철저, 사상 및 정조상에 좋은 영향을 미칠 수 있도록 세간의 선택 또는 정비에 유의할 것.

2. 욕장 입욕과 음용의 방법 및 효능 등을 객실, 응접실, 식당, 휴게실 등에
알기 쉽게 게시할 것. 탈의장, 욕조, 부속기구의 청소 및 정비와 함께 체중계의
점검을 철저히 할 것.
이하 생략(3. 접대. 4. 일반 산업전사에 대한 시설. 5. 절전. 6. 종업원의 후생과
복리시설. 7. 방공과 방화시설의 철저).

이와 같이 구체적인 조건을 제시하고 국가적 사명인 체력 증강, 건민
수련을 위해 하늘이 내려준 영천靈泉을 활용한다고 하는 방침이 일본온천협
회에 의해서 명시되었다. 『온센溫泉』14권 8호에는 "싸우는 온천지"라는
타이틀로, 아타미·이즈산伊豆山·하코네·유노히라湯平·교마치京町·게로
등 각지의 표준 온천지의 조건에 관한 정비 상황을 보고하고 있다.

전시하의 온천관溫泉觀

이와 같이 일본온천협회의 주도로 시국에 어울리는 온천지의 정비를 추진
하려고 했지만, 각지의 여관에서는 영업 축소가 불가피하였다. 금후의 온
천지의 이상적인 자세에 대해 제언하는 아타미온천조합 주도에 의한 포스
터에 의하면, 그 상황은 다음과 같이 정리할 수 있다.

온천은 고군분투하고 있지만, 세상 사람들 중에는 온천을 유휴(遊休)기관이
라고 생각하고, 게다가 지도 계급에 그러한 잘못된 관념에 사로잡힌 사람이
많은 것은 무엇 때문이란 말인가? 올 봄 이래 여관 운송의 제한으로 이즈(伊豆)
방면 온천지에서는 수적으로는 50% 감소, 수입은 비교가 될 수 없을 정도로
격감했다. 온천지의 여관은 향락기관처럼 간주되던 요리겸업을 반납하고,

순수한 온천여관, 옛 전통을 이어받은 탕치장으로 환원해, 제일선에서 활약한 황군장병이나 중점 산업의 근로전사를 위한 보건휴양소로, 혹은 청소년의 건민도장을 제공하는 방향으로 전환하고 있는 중이다. 그러나 이미 중요 물자의 자원 확보를 위해 철관의 사용 금지, 전력의 사용 제한, 가스의 사용 통제 등 온갖 규제에 의해 지역에 따라서는 대부분 휴업을 할 수밖에 없는 조건에 놓여 있다. 단지 비난만을 가해 온천지를 위축시키는 것보다, 스스로 국시의 시책에 기여하게 하는 것이야말로 주도적인 입장에 있는 식자의 책임이지 않는가? 온천지에서 생활하는 자는 부모에게서 물려받은 영업과 온천 본래의 사명을 달성하는 데 노력하는 것이야말로 결전에 임하는 국민의 본업이며, 당연한 의무다(히라노 류노스케[平野竜之介], 「온천은 싸우고 있다[温泉は戦つてゐる]」, 1943년).

이와 같이 온천지의 입장에서의 주장이 제기되어 있지만, 한편에서는 일본온천협회 평의원·국제교통문화협회 회장 명의로 기고한 미쓰이 다카하루三井高陽는 온천지에 대해서 훨씬 더 가혹한 인식을 가지고 있었다. 요지는 다음과 같다.

예전에는 풍기 문란한 화류객을 환영하는 광고나 선전으로 향락 본위의 영업을 하고 있던 여관이 갑자기 시국을 인식하고 전향했다고 한다면 또 모르되, 지금까지의 환영객은 여전히 환영하고, 이런 손님을 주로 하면서 요사이 산업전사 환영이라든지, 심신 단련을 위한 온천여관이라고 역겨운 광고를 내는 것만큼 부아가 치미는 일은 없다. 제아무리 철도 당국이 제한하더라도 문란한 화류객은 온천장에 쇄도한다. 게다가 눈에 거슬리는 행동은 조금도 줄지 않았다. 예전의 자유주의가 꽃피운 시대에 다투어 도회의 연장이 될

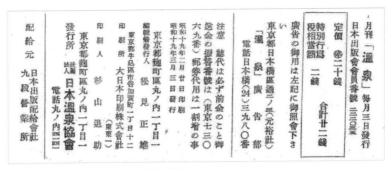
그림 6-6 『온센(溫泉)』 15-2의 판권장 일부
(아이치대학[愛知大學] 도요하시[豊橋] 도서관 소장)

것을 기대해, 순박한 시골의 온천 마을을 어울리지도 않는 페인트와 네온으로 화려하게 꾸민 발전책에 의해, 산촌의 온천 형태를 붕괴시키고 소시민적 생활을 이입시켰기 때문이다. 더욱이 마구잡이로 무리하게 온천수를 끌어다 썼기 때문에 용출량이 감소하고, 분출력이 없는 온천수를 전기로 뽑아 올리게 되어, 한 번 전기가 멈추게 되면 한 방울의 온천수도 나오지 않을 정도로 도시화되고 말았다. 도시를 모방한 옷을 벗어던지고 온천 본래의 모습으로 되돌아가자는 나의 주장은 무엇보다도 소중하고 유효한 재생책이라고 확신한다. 온천의 쇠퇴는 시국 때문이라고 하는 잘못된 관념을 일소하지 않으면 안 된다. 오히려 시국은 온천 갱생에 좋은 기회를 부여했다고 감사해야 할 것이다(미쓰이 다카하루[三井高陽], 「온천보국의 길은 하나[溫泉報国の途は一つ]」, 1944).

여러 지식인들에 의해 온천지의 정화나 갱생의 필요성이 반복적으로 설파되어 온 것은 기술한 바와 같다. 결국 손님의 요망에 응하면서 상당한 이윤을 추구하는 경영자측과 지도적인 입장에 있는 사람들의 생각은 서로 받아들일 수 없었을지도 모른다.

더욱이 미쓰이三井의 문장이 게재된 것은『온센溫泉』15권 2호다.『일본 온천협회70년 기념지』에는 1944년 1·2월 합병호가 전쟁 중에 마지막으로 발행된 기관지지만, [그림 6-6]에 있는 것처럼, 적어도 여기에서 다룬 1944년 3월 발행호가 확인된다. 이후『온센溫泉』은 휴간된 것으로 보인다.

소개 장소로서의 온천지

마지막으로 집단소개集團疏開를 받아들인 온천지의 상황에 대해서 언급하고 싶다. 1944년 6월에는 학동소개의 촉진이 각료회의에서 결정되어 초등학교 3학년 이상의 아동의 집단소개가 8월에 실행되었다. 도시별 소개 아동의 예상 수는 도쿄 1만 5000명, 가나가와현 4만 명, 오사카 8만 명, 효고현 3만 명, 후쿠오카福岡현 1만 5000명, 아이치愛知현 3만 5000명 정도의 규모였다(나이토 이쿠지[內藤幾次],『학동소개[學童疏開]』, 2001년). 숙박시설이 있는 온천지는 학동소개의 절호의 수용처가 되었다.

가나가와현의 경우, 각료회의 결정에서는 시즈오카현으로의 집단소개가 계획되었지만, 현의 지사知事의 의향으로 현내에서의 소개로 변경되었다. 7월에 가나가와현·요코하마橫浜시와 수용처인 지방행정단체 간의 합동회의가 개최되었을 때, 하코네온천여관조합의 조합장이자 센고쿠하라仙石原의 촌장이기도 했던 이시무라 기사쿠石村喜作가 제일 먼저 찬성을 표시했다고 한다. 다음날에는 하코네온천여관조합 집행부가 임시총회를 소집하여 7000여 명의 수용을 결정하고, 각 여관의 면적 등을 기준으로 [표 6-2]에서와 같이 수용인원이 배당되었다. 하코네 전 지역의 여관이 협력하게 되었지만, 경찰서와의 협의로 후지야富士屋호텔·고라強羅호텔·긴파로

표 6-2 하코네온천조합에 가입한 여관의 소개 학동 수용 현황

장소	넓이 (평)	수용 인원	배당 인원	장소	넓이 (평)	수용 인원	배당 인원
유모토초(湯本町)			1,467	미야기 노무라(宮城野村)			1,639
후쿠주(福住)	110	250	253	마센로(滿千桜)	38	100	62
야요이칸(弥生館)	133	270	273	간코료칸(観光旅館)	220	400	355
에비스(惠比寿)	66	150	144	구라타(くら田)	62	90	92
마스후쿠(萬壽福)	67	150	127	도키와(常盤)	139	250	196
교쿠센소(玉泉荘)	25	50	48	오다카안(小高庵)	52	100	123
가마쿠라야(鎌倉屋)	17	50	33	소운카쿠(早雲閣)	82	180	146
이즈미칸(和泉館)	78	80		하쓰네(初音)	23	50	33
				스이코칸(翠光館)	20	50	42
				요시하마(吉浜)	46	100	82
				아즈마칸(吾妻館)	68	150	134
온센무라(温泉村)			1,755	소운칸(早雲館)	8	20	
나라야(奈良屋)	192	330	277	모토하코네무라(元箱根村)			1,197
메세칸(明星館)	17	40	35	고마가오카(駒ヶ丘)호텔	77	200	188
다이세칸(対星館)	108	150	150	후지미로(富士見桜)	54	130	111
야마토야(大和屋)호텔	86	100	137	가미야마(神山)호텔	140	280	231
쓰타야료칸(蔦屋旅館)	112	300	219	긴파로(金波桜)	42	100	
우메야(梅屋)	150	270	235	무사시야(武蔵屋)	42	100	85
센고쿠야(仙石屋)	39	100	75	하시모토야(橋本屋)	78	160	152
고라쿠소(好楽荘)	29	60	46	슈메이칸(秀明館)	127	250	251
미카와야(三河屋)	173	350	302	후요테이(芙蓉亭)	34	70	63
후지키야(藤木屋)	20	40	25	하코네초(箱根町)			221
만페(万平)	29	35	35	하코네(箱根)호텔	139	200	180
				다카스기(高杉)	18	35	41
				아시노유무라(芦之湯村)		401	
				마쓰자카야본점(松阪屋本店)	49	120	100
				기노쿠니야(紀伊国屋)	216	285	301
센고쿠무라(仙石村)			1,005				
센코로(仙郷櫻)	194	350	264				
효세키로(俵石閣)	104	180	147				
반가쿠로(萬岳櫻)	134	250	201				
간보로(冠峰櫻)	130	200	165				

각 여관의 넓이는 일본식 다다미 개수 단위를 평으로 환산하여 표시하였다.
각 여관의 배당인원의 합계가 초손(町村)의 수치와 일치하지 않는 것은
조합 이외의 시설에서도 수용하였기 때문이다.
(『하코네온천사』, 1986·하코네초[町]향토자료관, 『할아버지, 할머니들의 학교』, 1995)

金波樓 등 몇 군데에서는 일반 영업을 계속하게 되었다. 후에 후지야호텔은 전관全館을 외국인 수용에 배당되어 패전 후에는 연합군에 접수되었다(『하코네온천사』, 1986년). [표 6-2]의 숙소 배당인원은 1944년 8월 8일 단계의 수치로 조합에 가입한 여관 외에 민간회사의 심신 수련장이나 건민 기숙사, 별장 등도 수용시설이 되어 있으며, 7개 마을의 합계는 7685명에 이르렀다. 어찌 됐던 학동 한 사람당 넓이는 불과 다다미 한 장 정도에 불과했다.

하코네의 학동 집단소개는 8월 12일에 시작되었다. 온천지에서는 숙사로서의 설비가 있었지만, 식량 생산지가 아니었기 때문에 노고가 끊이지 않았다. 부모의 곁을 떠난 집단생활은 황국민皇國民의 심신 단련의 도장이 되기도 하였다. 하코네에서 소개 아동이 요코하마에 돌아간 것은 패전의 혼란도 조금 가라앉은 1945년 10월 하순이 되어서였다.

또한 하코네에서는 1942년에 임시 도쿄 제1육군병원 하코네 전지轉地 요양소가 설치되어 1944년 1월에 하코네병원이 되었다. 당시 온천수의 본래 수맥이 있던 하코네 산마이소三昧莊를 본부로 해서 요양소 시설로 7개의 여관, 위생병과 간호사 숙사로 각 1개의 여관이 사용되었다(『하코네온천사』).

이와 같이 각지의 온천지에서는 학동의 집단소개를 받아들이거나, 군의 요양소로서 여관이 접수되거나 하였다. 건강 증진·체력 증강·건민 수련 등의 이념을 내건 온천지에는 1942년 전후까지는 오락을 추구하던 사람들이 밀려들었지만, 투어리즘tourism이 강하게 억제되자, 온천지도 변용되어 여행목적지로서의 역할을 잃어버렸던 것이다.

군마대학群馬大學 부속도서관과 지리학 자료관에는 전전戰前의 군마현 여자 사범학교 향토자료실의 컬렉션이 보존되어 있으며, 그 안에는 온천 안내서 나 조감도가 포함되어 있다. 언젠가 이 자료들을 다루겠다고 생각해 왔는 데, 그 계기가 된 것이 2000년도 후쿠다케福武학술문화진흥재단 연구조성 「근대 일본의 역사 지리학적 연구에 있어서의 지도 자료의 검토와 활용」(연 구대표자·고메이에 시노부[米家志乃布])이었다. 덕분에 구사쓰草津 등의 온천지 조감 도를 조사할 수 있는 기회를 얻을 수 있었다.

그 후, 2001~2004년도 과학연구비조성금·기반연구(A)(1)「근대 일 본의 국토공간·사회공간의 편성과정에 관한 역사 지리학적 연구」(연구대표 자: 시마네 다쿠[山根拓], 나카니시 료타로[中西寮太郎])를 통해 온천에 관한 다양한 조사 보고서나 온천 안내서의 검토를 실시하였다. 여기에 더해 2003~2006년도 과학연구비조성금·기반연구(B)「근대 일본의 민간지도와 화상 자료의 지 리학적 활용에 관한 기초적 연구」(연구대표자: 세키도 아키코)에서는 조감도에 대한 심층 분석과 함께 미디어 이벤트에 주목해 그림엽서나 전단지 등도 고찰 대상에 추가하게 되었다.

이 책은 지난 7년간에 걸쳐 진행되어 온 공동연구를 바탕으로 한 성과다. 1년에 두 번씩 자신의 연구 성과를 보고하고, 의견교환을 위한 자리를 마련한 것이, 일상의 잡무에 쫓기면서도 지속적으로 연구과제에 몰두할 수 있었던 원동력이 되었다. 공동연구에 참여하신 분들께 진심으로 감사의 말을 전하고 싶다.

필자가 국립 국회자료관에 다니며 마이크로필름의 열람에 정성을 쏟고 있었던 것은 2003년에서 2004년 무렵이었다. 1868년과 1912년 사이에 출판된 간행도서의 일부는 「근대 디지털 라이브러리」를 통해 웹상에서 열람할 수 있게 되어 있지만, 저작권자의 사후 50년을 확인할 수 없는 것은 대상 외로 분류되어 있어서 전체 복사가 불가능해 직접 마이크로필름으로 내용을 확인할 필요가 있었다. 그런데 2005년부터는 저작권자가 불명인 도서도 문화청 장관 재정에 의해 「근대 디지털 라이브러리」에 제공되기 시작하였다. 덕분에 현재는 국립도서관이 소장하고 있는 근대 초기 (1868~1912)의 대부분의 간행도서를 컴퓨터로 인터넷을 통해 열람할 수 있다.

이러한 환경의 정비에 의해 근대 초기의 온천 안내서를 간단하게 찾아내 열람할 수 있게 되었다. 또한 철도성의 『온천안내溫泉案內』도 고서점에서 비교적 싼 가격으로 입수할 수 있다. 그만큼 많은 분량이 간행되었기 때문일 것이다. 이 책을 실마리로 근대에 출판된 안내서를 읽고 온천을 '재발견'하는 재미에 빠져들기를 바란다.

2007년 4월

세키도 아키코

'일본 온천여행'이라는 용어는 한국에서도 결코 낯설지 않은 여행광고의 문구다. 지리적으로 한국과 가까운 일본은 온천관광 여행지로서 각광을 받고 있다. 아름다운 설경을 바라보며 노천탕에서 온천을 즐기는 모습, 바다의 노을을 보면서 즐기는 온천은 낭만 그 자체를 떠올리게 한다. 온천지에 대한 소개도 다양하다. 사계절에 따라 다른 온천지의 풍경 소개를 비롯하여 오랜 역사를 자랑하는 온천·문학 속에 그려진 온천지 안내는 일본 문학을 살짝 접할 수 있게도 한다. 이를테면 아타미온천은 오자키 고요의『곤지키야샤金色夜叉』에서 간이치와 오미야의 이별 장면으로 작품의 클라이막스 부분을 이루는 장소로 널리 알려져 있다. 한국 독자에게『곤지키야샤金色夜叉』라는 작품은 낯설지만 '이수일과 심순애'의 이별장면은 쉽게 떠올려질 것이다. 원작은『곤지키야샤金色夜叉』다. 조일재의 번안에 의해『장한몽』으로 소설과 연극으로 한국에 소개된 작품이다. 일본에서는 수년 전부터 온천 붐이 활성화해 가이드북, 잡지, 인터넷, 텔레비전 프로그램에서 온천만을 테마로 하여 방송되는 등 다양한 매체에 의해 온천정보가 넘쳐 나고 있다. 이것은 하나의 문화로서 온천이 정착된 것이라고 할 수 있다.

근대 이전의 온천은 탕치의 공간이었으나, 근대에 들어서면서 온천이 탕치의 공간만이 아닌 휴양과 레저의 공간으로 탈바꿈하기 시작한다. 문명개화에 의한 철도의 발달로 이동이 편리해졌으며, 미디어의 보급과 도쿄·오사카에서 개최된 박람회도 온천투어리즘과 맞물리게 된 하나의 요인일 것이다. 특히 1920년을 전후로 하여 온천에 관한 주요 안내서가 많이 발간되었으며, 문학자인 다야마 가타이의『온천순례』는 많은 독자층에게 수용되었다고 한다. 자연주의 작가인 가타이에 의해 쓰여진『온천순례』는 온천지의 아름다운 풍경과 온천장에 대한 이미지가 섬세하게 묘사되어 있으므로 독자에게 온천에 대한 상상력을 심어주었다고 할 수 있다. 또한 온천지의 특산물 소개도 곁들여 온천에 대한 즐거움까지 느끼게 하였다.

온천은 기존의 탕치의 공간에서 즐거움의 공간으로 재생성된 것이다. 즐거움의 공간으로서 온천 문화는 미디어의 역할에 의해 온천 붐이 일어나며, 온천이 대중화되어 가는 결정적인 역할을 하게 된다. 이른바 1920년대 후반 오사카 마이니치신문사와 도쿄 니치니치신문사가 주최한 '일본신팔경'과 고쿠민신문사가 주최한 '전국온천16가선'이라고 하는 인기투표다. 이러한 시대의 흐름 안에서 온천은 요양과 행락이라는 구분이 뚜렷해지기 시작한다. 이것은 온천지에서의 경쟁이 심해지면서 온천장의 특색을 내세워 손님을 맞이하였을 것이라고 생각된다. 또한 온천지는 레저 활동의 장소로서 등산·스키·스케이트·독서·해수욕을 할 수 있는 문화공간으로서의 온천관광지를 형성하게 된다. 그러나 이러한 온천여행의 대중화로 인해 온천은 레저의 공간으로 생성되었지만, 탕치공간으로 활용했던 향유자들의 소외는 주목해 보아야 한다는 생각이 든다.

세키도 아키코의『근대 투어리즘과 온천』은 저자가 명확하게 제시하고 있듯이 근대 온천여행이 대중화되면서, 탕치의 공간에서 관광지로 변용되어 가는 과정을 고찰한 저서다. 이 책은 저자가 후기에서 밝히고 있듯이 7년에 걸쳐 진행되어 온 공동연구의 성과이기도 하다. 『근대 투어리즘과 온천』에 선정된 지도와 사진, 그림, 엽서 등의 방대한 자료만으로도 많은 공정과 수고가 깃들어 있음을 알 수 있다. 이 책은 온천뿐만 아니라 근대의 상징인 철도를 비롯하여 대중매체의 중심이었던 신문 등 다양한 각도에서 일본의 근대를 엿볼 수 있다.

독자는 이 책을 통하여 일본 근대의 온천을 다양하게 접할 수 있을 것이다. 행동으로 옮기고자 하는 독자라면 철도여행으로 가는 온천, 일본 팔경으로 보는 온천여행, 문학작품을 통해 보는 온천여행 등 원하는 테마에 맞추어 근대 온천투어를 경험할 수 있을 것이다.

마지막으로 바쁘신 와중에도 번역 과정에 많은 도움을 주신 동신대학교 유재연 교수님께 진심으로 감사드린다. 그리고 이 책이 한국의 독자와 만날 수 있도록 생명을 불어 넣어준 논형출판사 편집부와 많은 정성을 기울여 주신 소재두 대표님께 감사드린다.

2009년 8월 29일
허 석

ヘールツ・成島謙吉訳, 『日本温泉独案内』, 田中芳男, 1879.

折田佐吉, 『草津温泉の古々路恵』, 折田佐吉, 1880.

桑原知明訳編, 『日本温泉考』, 桑田知明, 1880.

ベルツ(別爾都), 『日本鉱泉論』, 中央衛生会, 1880.

山本誉吉, 『礦部鉱泉繁盛記』, 山本誉吉, 1882.

大川角造, 『草津鉱泉入浴教之捷径』, 大川角造, 1882.

内務省衛生局編, 『日本鉱泉誌』, 上巻・中巻・下巻, 報行社, 1886.

青木純造, 『熱海鉱泉誌』, 大柴四郎, 1890.

中谷与助編輯, 『佐賀県独案内 一名商工便覧』, 竜泉堂, 1890.

山下友右衛門, 『佐賀県杵島郡武雄温泉誌』, 山下友右衛門, 1891.

樋口貞二郎, 『熱海温泉案内』, 気象萬千桜, 1891.

三宅徳介, 『但馬城崎湯島温泉案内記』, 斎藤甚左衛門, 1893.

斎藤甚左衛門, 『訂正増補 但馬城崎温泉案内記』, 斎藤甚左衛門, 1895.

斎藤要八, 『熱海錦嚢』, 芹澤政吉, 1897.

田中正太郎, 『塩原温泉紀勝』, 田中正太郎, 1897.

松尾富太郎, 『武蔵温泉誌』, 松尾富太郎, 1898.

飯島寅次郎, 『別所温泉誌』, 飯島演次郎, 1900.

伊佐庭如矢, 『道後温泉誌略』, 道後温泉事務所, 1901.

金尾種次郎, 『避暑漫遊旅行案内』, 金尾種次郎, 1901.

探勝会編, 『避暑旅行案内』, 妹尾勇吉, 1902.

大塚陸太郎, 『鉱泉気候療法論』, 吐鳳党書店, 1904.

結城 琢, 『城崎温泉案内記』, 城崎温泉事務所, 1905.

鉄道院編, 『鉄道院線沿道旅覧地案内』, 1909.

長尾折三, 『日本転地療養誌 一名治泉案内』, 吐鳳党書店, 1910.

大浜六郎, 『山水名勝避暑案内』, 弘学観書店, 1911.

鉄道院編, 『鉄道院線沿道旅覧地案内』, 1911.

城崎温泉事務所, 『城崎温泉誌』, 城崎温泉事務所, 1913.

内務省東京衛生試験所(石津利作編), *The mineral springs of Japan* , 1915.

戸丸国三郎, 『伊香保案内』, 日本温泉協会代理部, 1915.

溝口信太, 『通俗 別府温泉案内』, 日醒社, 1915.

丸山福松, 『平穏温泉之案内』, 平穏温泉宿屋同業会, 1916.

温泉調査会, 『転地療養温泉地案内』, 三徳社, 1917.

東京温泉案内社, 『保養遊覧日本温泉案内』, 誠文堂, 1917.

全国温泉案内社, 『全国温泉明細案内』, 阿蘭陀書房, 1918.

田山花袋, 『温泉めぐり』, 博文館, 1918.

東京温泉案内社, 『保養遊覧日本温泉案内 訂正増補版』, 誠文堂, 1919.

松川二郎, 『保養遊覧新温泉案内』, 有精堂, 1919.

石上録之助, 『保養遊覧全国温泉名勝めぐり』, 精文観書店, 1920.

全国名所案内社, 『全国の温泉案内』, 岡村書店, 1920.

鉄道院編, 『温泉案内』, 博文観, 1920.

宇根義人, 『春夏秋冬温泉案内』, 東盛堂, 1921.

管 五太郎編, 『日本全国避暑旅行案内』, 野球会臨時増刊, 1922.

鉄道省編, The Hot springs of Japan, 1922.

松川二郎, 『療養本位温泉案内』, 三徳社, 1922.

内務省衛生編, 『全国温泉鉱泉ニ関スル調査』, 1923.

戸丸国三郎, 『塩原温泉案内』, 日本温泉協会代理部, 1924.

松原厚, 「三朝温泉泉源の配置」, 『地球』, 1924.

武富国三郎, 『山鹿温泉誌』, 武富国三郎, 1926.

鉄道省編, 『温泉案内』, 博文館, 1927.

佐藤会平, 『草津町史』, 佐藤会平, 1928.

内務省衛生局編(藤浪剛一執筆), 『温泉療法』, 大日本私立衛生会, 1928.

井澤亥八郎, 「温泉に関する邦文国書総覧」, 日本旅行協会編, 『文部省東京博物館温泉展覧会
　　　　記録』, 1929.

国民新聞編楫局編, 『温泉案内』, 啓成社, 1930.

大日本雄弁会講談社編, 『日本温泉案内 西部編』, 大日本雄弁会講談社, 1930.

大日本雄弁会講談社編, 『日本温泉案内 東部編』, 大日本雄弁会講談社, 1930.

田山花袋, 『伊香保案内』, 日本温泉協会代理部, 1930(初版1917).

鉄道省編, 『温泉案内』, 博文館, 1931.

無署名, 「温泉往来」, 『温泉』, 1932.

三浦直彦, 「温泉と保健」, 『温泉』, 1932.

静間和江, 「那須と塩原」, 『温泉』, 1933.

山口市史編纂委員会編, 『山口市史』, 山口市役所, 1933.

西川義方『温泉と健康』, 南山堂書店, 1934.

熱海町役場観光課編, 『熱海』, 熱海町役場観光課, 1934.

F. de Garis ed. *We Japanese* , 山口正作(富士屋ホテル), 1934.

内務省衛生局編,『全国鉱泉調査』, 1935.

山中忠雄編,『温泉大鑑』, 日本温泉協会, 1935.

田村 岡,「温泉場の経営」, 山中忠雄編,『温泉大鑑』, 1935.

藤浪剛一,「温泉地の衛生的設置」, 山中忠雄編,『温泉大鑑』, 1935.

山野旅四郎,「ジャムプの水上温泉」,『温泉』, 1935.

西川義方,『温泉須知』, 診断と治療社出版部, 1937.

西尾壽男,「事変下に於ける鉄道省の宣伝方策―温泉場は今後如何に進むべきか―」,『温泉』, 1938.

藤浪剛一,『温泉知識』, 丸善, 1938.

藤浪剛一,「時局と温泉の開発・浄化」,『医事衛生』,1938.

酒本麟吾,「新版伊豆温泉風景」,『温泉』, 1939.

高木菊三郎,「温泉記号の地図的表現」,『温泉』, 1939.

鈴木恒雄,「自粛末だし」,『温泉』, 1939.

有馬茂純,「或る程度の時局反映」,『温泉』, 1935.

小谷春夫,「療養・行楽何れも繁栄」,『温泉』, 1939.

松本仙一,「利用厚生の徹底化へ」,『温泉』, 1939.

原百助,「客の質的変化その他」,『温泉』, 1939.

鉄道省編,『温泉案内』, 博文館, 1940.

日本温泉協会編,『日本温泉大鑑』, 博文館, 1941.

平山崇,「温泉建築」, 日本温泉協会編,『日本温泉大鑑』, 1941.

初島時雨,「統制と団結の力に期待」,『温泉』, 1941.

日本温泉協会,「温泉業者の団体と協会強化」,『温泉』, 1941.

鈴木正紀,「談話室」,『温泉』, 1942.

三浦謙吉,「温泉厚生運動と温泉旅館経営の今後の方向」,『温泉』, 1942.

無署名,「社団法人日本温泉協会改組経過報告」,『温泉』, 1942.

亀谷久任,「業態改革の炬火各地に揚がる」,『温泉』, 1942.

阿部牧太郎,「日本温泉協会の生動と今後」,『温泉』, 1942.

平野龍之介,「温泉は戦つている―正しき認識を望む―」,『温泉』, 1943.

三井高陽,「温泉報告の途は一つ」, 1944.

▶ 2차 세계대전 후의 문헌(저자순)

青森県史編さん近現代部会編,『青森県史 資料編 近現代1』, 青森県, 2002.

熱海市,『熱海市歴史年表』, 熱海市, 1997.

熱海市史編算委員会編,『熱海市史 下巻』, 熱海市役所, 1968.

荒山正彦,「風景のローカリズム―郷土をつくりあげる運動―」, (「郷土」)研究会編,『郷土―表象と実践』, 嵯峨の書院), 2003.

有山輝雄, 『徳富蘇峰と国民新聞』, 吉川弘文館, 1992.

安中市市史刊行委員会, 『安中市史 第五巻 近世資料編』, 安中市, 2002.

伊東市史編算委員会編, 『伊東市史』, 伊東市教育委員会, 1958.

小野芳郎, 『九〈清潔〉の近代「衛生唱歌」から抗菌グッズ」へ』, 講談社, 1997.

温泉町史編集委員会編, 『温泉町史 第二巻』, 温泉町, 1996.

川島武宣・潮見俊陸・渡辺洋三編, 『温泉権の研究』, 勁草書房, 1964.

城崎町史編算委員会, 『城崎町史』, 城崎町, 1988.

黒田 勇, 『ラジオ体操の誕生』, 青弓社, 1999.

五井信, 「書を持って, 旅に出よう―明治三〇年代の旅と〈ガイドブック〉〈紀行文〉―」, 『近代日本
　　　　文学』, 2000.

幸田露伴ほか, 『日本八景 八大家執筆』, 平凡社, 2005(初版1928).

木暮金太郎・仲沢晃三編, 『ベルツ博士と群馬の温泉』, 上毛新聞社, 1990.

木暮金太郎, 「温泉番付について」, 同編『錦絵にみる日本の温泉』, 国書刊行会, 2003.

木暮金太郎編, 『錦絵にみる日本の温泉』, 国書刊行会, 2003.

古馬牧村史編算委員会編, 『古馬牧村史』, 月夜野町誌編算委員会, 1972.

佐々木幸夫, 『花巻温泉物語(増補)』, 熊谷印刷出版部, 1996.

白幡洋三郎, 「日本八景の誕生―昭和初期の日本人の風景観」(吉川彰・大西行雄編『環境イ
　　　　メージ論―人間環境の重層的風景―』, 弓文堂, 1992.

鈴木 淳, 『新技述の社会誌』, 中央公論新社, 1999.

関戸明子, 「鳥瞰図に描かれた伊香保温泉の景観」, 『えりあぐんま』, 2002.

関戸明子, 「四万温泉の鳥瞰図を読む」, 『ありあぐんま』, 2004.

関戸明子, 「北関東における温泉地の近代化―温泉の利用形態と交通手段の変化―」, 『群馬大
　　　　学教育学部紀要(人文・社会科学編)』, 2004.

関戸明子, 「メディア・イベントと温泉―「国民新聞」主催「全国温泉十六佳選」をめぐって―
　　　　」, 『群馬大学教育部紀要(人文・社会科学編)』, 2005.

測量・地図百年史編集委員会編, 『測量・地図百年史』, 建設省国土地理院, 1970.

高岡裕之, 「観光・厚生・旅行―ファシズム期のツーリズム―」, 赤沢史郎・北河賢三, 『文化と
　　　　ファシズム』, 日本経済評論社, 1993.

高岡裕之編, 『總力戦と文化2 厚生運動・健民運動・読書運動』, 大月書店, 2001.

宝塚市史編集専門委員会, 『宝塚市史 第三巻』, 宝塚史, 1977.

田川提一, 『和倉温泉の歴史』, 能登印刷出版部, 1992.

武雄市図書館・歴史資料館編, 『温泉 和みの空間』, 武雄市図書館・歴史資料館, 2003.

竹村民郎, 『大正文化帝国のユートピア世界史の転喚起と大衆消費社会の形成』, 三元社, 2004.

筑紫野市史編さん委員会, 『筑紫野市史 下巻』, 筑紫野市, 1999.

津金沢聰廣編, 『近代日本のメディア・イベント』, 同文館, 1996.

津金沢聰廣・有山輝雄編, 『戦時期日本のメディア・イベント』, 世界思想社, 1998.

「道後温泉」編集委員会, 『動後温泉 増補版』, 松山市観光協会, 1982.

富田昭次, 『ホテルと日本近代』, 青弓社, 2003.

内藤畿次, 『学童疎開』, 同成社, 2001.

中川浩一, 『旅の文化誌—ガイドブックと時刻表と旅行者たち—』, 伝統と現代社, 1979.

日本温泉協会, 『日本温泉協会七〇年記念誌』, 日本温泉協会, 1999.

日本交通公社社史編算室編, 『日本交通公社七〇年史』, 日本交通公社, 1982.

箱根温泉旅館協同組合編, 『箱根温泉史 七湯から十九湯へ』, ぎょうせい, 1986.

副見恭子, 「ライマン雑記(16)ライマンと助手たちV安達仁造と桑田知明」, 『地質ニュース』,
　　　　1999.

藤野豊, 『強制された健康 日本ファシズム下の生命と身体』, 吉川弘文館, 2000.

藤森 清, 「明治三十五年・ツーリズムの想像力」, 小森陽一ほか著, 『メディア・表象・イデオロ
　　　　ギー—明治三十年代の文化研究—』, 小沢書店, 1997.

ヘールツ・庄司三男訳, 『日本年報』, 雄松堂出版, 1983.

別府市, 『別府市誌』, 別府市, 1985.

別府市観光協会編, 『別府温泉史』, いずみ書房, 1963.

毎日新聞百年史刊行委員会編, 『毎日新聞百年史 一八七二—一九七二』, 毎日新聞, 1972.

松本市編, 『松本市史 第二巻』, 松本市, 1995.

丸山史編, 『四万温泉史』, 四万温泉協会, 1977.

森 正人, 『四遍路の近現代, 「モダン遍路」から「癒しの旅」まで』, 創元社, 2005.

八隅蘆菴(桜井正信監訳), 『旅行用心集 現代訳 新装版』, 八坂書房, 2001.

八岩まどか, 『温泉と日本人 増補』, 青弓社, 2002.

山鹿市史編算室編, 『山鹿市史 下巻』, 山鹿市, 1985.

山口堅吉編, 『富山室ホテル八〇年史』, 富山室ホレル, 1958.

山口市編, 『山口市史 第一巻』, 山口市, 1955.

山村市編, 「東京観光圏における温泉観光地の地域的展開—温泉観光の研究(第一報—」, 『地
　　　　理学評論』, 1967.

山村順次, 『新観光地理学』, 大明堂, 1995.

山村順次, 『新版 日本の温泉地—その発達・現状とあり方—』, 日本温泉協会, 1998.

矢守一彦, 『古地図と風景』, 筑摩書房, 1984.

湯原公造編, 『別冊太陽 大正・昭和の鳥瞰図絵師, 吉田初三郎のパノラマ地図』, 平凡社, 2002.

역자소개

▌허석(許錫)

광주에서 성장기를 보내고 건국대학교 사범대학 일본어과를 거쳐 동 대학원에서 석사과정을 마쳤다. 이후 일본 나고야대학 대학원에서 문학박사 학위를 취득하였다. 재한일본인문학에 대한 지속적인 연구를 통해 해외이주일본인문학이라는 연구영역을 개척하고 일본문학연구의 방법론에 대한 새로운 접근법을 시도하고 있다. 논문으로는 「韓國에서의 日本文學 研究의 諸問題에 대하여」(2002), 「메이지시대 한국이주 일본인문학과 매매춘에 관한 조사연구」(2005) 등이 있다.
한국일본어문학회 회장을 역임했으며 현재 목포대학교 일어일문학과 교수로 있다.
heosuk@mokpo.ac.kr

▌박찬기(朴贊基)

서울에서 태어나 경남대학교를 졸업하고 도쿄학예대학에서 석사학위, 니쇼가쿠샤대학에서 박사학위를 받았다. 일본근세문학 전공이며, 에도시대 조선통신사와 일본문학과의 관계를 중심으로 문학과 전통문화의 다양한 영역에 걸쳐서 연구를 하고 있다. 최근의 논문으로 「에도시대의 조선통신사와 일본문학」(2007), 「『여사서예문도회』의 번각과 여훈물 연구」(2008), 「어원으로 만나는 일본문화」(2004) 등이 있고, 저서로는 『조선통신사와 일본근세문학(2001)』, 『江戸時代の朝鮮通信使と日本文學』(2006), 『조선통신사 사행록 연구총서』(2008) 등이 있다.
일본어문학회 부회장을 역임하였으며, 현재 조선통신사학회 이사, 목포대학교 일어일문학과 교수로 재직 중이다.
parkchan@mokpo.ac.kr

▌김선화(金善花)

전라남도 보성에서 출생하여 목포대학교 일어일문학과를 졸업하고 건국대학교 문학석사, 일본나고야대학 문학석사, 동대학 문학박사 학위를 받았다. 전공은 일본고전문학이며 여류일기문학을 중심으로 여성들의 자기표현에 주목하여 중세여성의 삶과 종교에 대하여 연구하고 있다. 주요 논문으로 「일본여류일기문학에 나타난 服飾표현에 관한 연구」(2006), 「일본고전문학에 나타난 여성과 불교에 관한 연구」(2008) 등이 있다.
현재 목포대학교 일어일문학과 조교수로 재직 중이다.
ohana@mokpo.ac.kr

▌ 유승창(兪承昌)

전라남도 함평에서 태어나 광주에서 학창시절을 보냈고 목포대학교 일어일문학과를 졸업하였다. 이후 일본 나고야대학 대학원 문학연구과에서 오에 겐자부로 문학의 전후 인식을 주제로 석·박사 과정을 마쳤다. 문학을 사회·정치·문화적 총체적 양상으로 분석해 가는 작업을 통해 일본의 자기정체성의 형성과 변용과정을 조망하고자 하고 있다. 논문으로는 「小松川事件の「表象」と大江健三郎の『叫び声』」(2006), 「오에 겐자부로 문학과 민속학의 異人」(2007), 「전후 민주주의와 일본의 가정 이미지 -『블론디(Blondie)를 중심으로』」(2008) 등이 있다.
현재 목포대학교 아시아문화연구소 전임연구원으로 있다.
minami70@naver.com

▌ 박현옥(朴賢玉)

백련지가 있는 전라남도 무안에서 출생하여 목포대학교 일어일문과를 졸업하고 일본 나고야대학 대학원 문학연구과에서 근·현대일본문학을 전공하여 석·박사 학위를 취득하였다. 박사논문은 일본에 있어서 그리스도교 수용을 다룬 엔도 슈사쿠 문학을 일본의 독자는 어떠한 시점에서 수용하였는지를 종교와 사회적인 관점에서 연구하였으며, 종교문화 전반에 관하여 관심을 갖고 있다. 논문으로는 「『침묵』에 있어서 좌절 - 동시대에 있어서『침묵』의 수용을 중심으로」(2006), 「『黃色い人』における手紙と日記」(2007) 등이 있다.
현재는 목포대학교 아시아문화연구소 전임연구원으로 재직 중이다.
pho1007@hotmail.com

찾아보기